Maria G. Baier-D'Orazio

Schneiden Sie die Tomaten doch mal anders als sonst

Maria G. Baier-D'Orazio

Schneiden Sie die Tomaten doch mal anders als sonst

Aus der Routine des Alltags
ausbrechen und jünger werden

SILBERSCHNUR VERLAG

FSC www.fsc.org

MIX
Papier aus verantwor-
tungsvollen Quellen
FSC® C014138

Copyright © 2017 Verlag »Die Silberschnur« GmbH

ISBN: 978-3-89845-596-1

1. Auflage 2018

Gestaltung & Satz: XPresentation, Güllesheim
Umschlaggestaltung: XPresentation, Güllesheim; unter Verwendung verschiedener Motive von © Laboko und © Valery Bareta, www.shutterstock.com
Druck: Finidr, s.r.o. Cesky Tesin

Verlag »Die Silberschnur« GmbH · Steinstraße 1 · D-56593 Güllesheim
www.silberschnur.de · E-Mail: info@silberschnur.de

INHALTSVERZEICHNIS

WIE ES ZU DIESEM BUCH KAM

Hat Sie der Titel dieses Buches auf Anhieb verblüfft? Tomaten, Revolte und gar jünger werden? Was hat das alles miteinander zu tun? Das Geheimnis des Buches möchte ich natürlich nicht gleich im ersten Absatz lüften. Die Geschichte aber, die zu diesem Titel führte, erzähle ich gern.

Ich war vor Jahren öfter bei Freunden zu Besuch, die gerne kochen. Kochen ist eine Kunst für sich, das Unverfänglichste erschien mir folglich, beim Gemüseschneiden zur Hand zu gehen. Was kann man dabei schon falsch machen? Ich versichere Ihnen: eine ganze Menge. Die Paprikastreifen dünner, die Zucchini längs und 'die Tomaten doch nicht so!'. Ich machte immer irgendetwas falsch. Jedes Mal verstimmte ich damit meine Freunde ein Stück mehr, denn in Würfel geschnittene Zucchini können nicht mehr länglich werden und geviertelte Tomaten sich nicht in Scheiben verwandeln. Als ich schließlich mit dem Gedanken spielte, das Helfen schlichtweg sein zu lassen – wer will schon seine Gastgeber immer wieder von Neuem verärgern? – kam mir die rettende Idee, die im Grunde einfach war: Ich holte, bevor ich zum Messer griff, genaue Instruktionen ein und hielt mich peinlich genau daran. Seitdem ist das gemeinsame Kochen friedlich geworden.

Nun ja, friedlich ist vielleicht der falsche Ausdruck. Sagen wir, ich habe mich an etwas angepasst, dessen tieferen Sinn ich bis heute nicht wirklich habe nachvollziehen können.

Das Festhalten an dem, was immer schon so war und möglichst auch auf ewig so bleiben sollte, ist einer der größten Feinde eines kreativen Lebens – ganz gleich, worum es sich dabei handelt. Vielleicht kennen auch Sie Situationen, wie die soeben beschriebene: Sie wollen Ihrer Mutter, dem Opa oder einer Freundin bei irgendetwas behilflich sein, beim Abwasch, dem Aufräumen in der Garage oder dem Aufhängen von Wäsche. Doch was auch immer Sie anfassen, Sie machen es aus deren Sicht verkehrt – einzig und allein deswegen, weil sie es *anders* machen.

Wir schenken gemeinhin solchen Kleinigkeiten kaum Aufmerksamkeit, weil wir sie für unbedeutend halten. Dennoch bestimmen sie unterschwellig unser Leben. Das blockiert Kreativität. Diese aber ist es, die das Leben bunt werden lässt und facettenreich.

Wir assoziieren Kreativität meist mit *künstlerischer* Aktivität, mit Malen, Zeichnen, Musizieren, Tanz oder Theater. Doch es gibt auch eine Kreativität im normalen Alltag, die wir wenig beachten und der wir durch Routine den Garaus machen. Um diese soll es hier gehen.

Kreativer zu werden, bedeutet offener, flexibler und neugieriger zu werden. Das sind Eigenschaften, die jung erhalten. Insofern stellt dieses Buch auch die Fortsetzung meiner vor einigen Jahren begonnenen Reihe von Büchern zum Thema aktives, inspiriertes, dynamisches Alter dar. Im zuletzt erschienenen

Band *Vom Vergnügen, älter zu werden* hatte ich das vorliegende Buch zum Thema Kreativität und Tipps, wie man sich gedanklich innerlich jung erhalten kann, bereits angekündigt.

Wer sein Leben nicht nur an sich vorüberziehen lässt, sondern intensiv lebt und gestaltet, bleibt ganz von selbst jung. Wir alle wissen, dass es einen Unterschied gibt zwischen existieren und *sich lebendig fühlen*, zwischen "am Leben sein" und *wahrhaft leben*. Das spätere Alter wird im Grunde (vor-)geformt durch das Leben in jungen Jahren. Wir säen die Samen für das Alter sehr früh. Danach ernten wir im Grunde nur das, was wir gesät haben.

Ich möchte Ihnen dabei helfen, so viel wie möglich – und so bald wie möglich! – "gute Saat" zu säen, indem Sie gewohnte Schienen verlassen, um sich mehr kreative Freiräume in Denken, Tun und Erleben zu erschaffen.

Kreativität hat es verdient, aus der Nische von Freizeitbastelei und hipper Kunst herausgeholt zu werden und einen anderen Stellenwert zu bekommen: mitten in unserem Leben.

DER MENSCH – EIN GEWOHNHEITSTIER?

Was führt dazu, dass Menschen sich im Laufe des Lebens darauf fixieren, gewisse Dinge immer auf ein und dieselbe Weise zu tun? "Gewohnheit", werden Sie sagen. "Der Mensch ist eben ein Gewohnheitstier, was macht das schon?"

Der Mensch, ein Gewohnheitstier? Das hört sich so an, als hätten wir mysteriöse Gene, die uns auf Routine programmieren. Wir sind aber nicht als Gewohnheitstiere auf die Welt gekommen, was man daran erkennen kann, dass kleine Kinder ausgesprochen kreative Wesen sind. Wir holen Gewohnheiten vielmehr in unser Leben und lassen zu, dass sie es bestimmen. Auffallend wird dies dann, wenn eigene Gewohnheiten so weit gehen, dass sie anderen zur Vorschrift werden. So gibt es, neben dem eingangs erwähnten Szenario, dem sich ein Gast ausgesetzt sehen kann, zum Beispiel auch die Platzzuweisung. Sie werden von jemandem zum Essen eingeladen, treten an den Tisch, fassen nach einem Stuhl – und stopp. Freundlich, aber bestimmt werden Sie darauf hingewiesen, dass hier des Hausherrn Platz sei, dort die

Dame des Hauses sitzt und Sie sich gern auf einen der übrig gebliebenen Stühle setzen können. Haben Sie sich gar zu schnell oder in einem unbeobachteten Augenblick auf einen falschen Stuhl gesetzt, wird Ihnen dieses Sakrileg in dem Moment bewusst, da ein missbilligender Blick Sie trifft. Echte Gastfreundschaft sähe anders aus, man ließe den Gast aussuchen, wo er oder sie sich hinsetzen möchte. Doch können manche Menschen sich offenbar nicht ein einziges Mal von "ihrem" angestammten Platz lösen oder besser gesagt: vom Lebensmuster, das dahintersteckt. Lieber brüskiert man den Gast oder die Hilfsbereitschaft eines Freundes, als dass man auf das Gewohnte verzichtete.

Es ist gerade so, als ob der andere in das eigene Lebensgefüge eingreife, als störe er durch sein andersartiges Handeln etwas, das einem heilig ist. Das wäre die positive Variante der Erklärung: Man möchte das schützen, was einem wichtig ist. Aber wie wichtig können Tomaten oder ein Stuhl wirklich sein? Insofern käme eine andere, weniger positive Erklärung zum Zug: Nicht wir sind die Herren unserer Gewohnheiten. In Wirklichkeit sind sie es, die uns diktieren, was wir zu tun und zu lassen haben.

Gewohnheiten haben uns im Griff, weil sie funktionieren wie Programme. Sie laufen automatisch ab und immer weiter, bis man das Programm anhält und neue Parameter eingibt. Das heißt mit anderen Worten: Wenn wir ein kreatives Leben erreichen wollen, müssen wir die Automatismen entlarven, die "eingefahrenen Gleise" – das, was man tut, weil man es schlichtweg "immer so macht", genauso wie das, was man nicht tut, weil man es schon immer vermieden hat.

Natürlich gibt es Gewohnheiten, die hilfreich und sinnvoll sind. Jeden Tag Obst zu essen ist nützlich, einmal in der Woche ins Fitnessstudio zu gehen ebenso. Meistens pflegen wir aber genau diese Vorhaben sehr bewusst. Daneben gibt es eine ganze Reihe von Gewohnheiten, die nichts weiter sind als Mechanismen. Diese aber steuern uns unbewusst, lassen unser Leben monoton werden und können uns schlimmstenfalls sogar schaden. Eine Zeitschrift für Psychosomatik machte einmal eine Umfrage dazu, was dafür verantwortlich sei, dass Menschen sich ausgelaugt und antriebslos fühlen. Das Ergebnis: Routine und Gewohnheiten rangierten gleich an zweiter Stelle. Eingefahrene Schienen machen das Leben linear, berechenbar, langweilig. Sie animieren uns nicht und lassen unsere Phantasie verkümmern.

Da es sehr wichtig ist, bloße Routine von bewusst regelmäßigem Tun zu unterscheiden, möchte ich diesen Unterschied gern durch zwei Satzpaare plastischer werden lassen. Das Satzpaar, das zu Automatismen gehört, lautet: "Ich bin es einfach gewohnt, das zu tun (zum Beispiel, immer denselben Weg zu gehen)." Oder auch: "Ich mache das immer so (zum Beispiel, den rechten Schuh zuerst anzuziehen)." Das andere Satzpaar dagegen lautet: "Ich praktiziere das regelmäßig (zum Beispiel das Meditieren)." Oder auch: "Ich habe beschlossen, es regelmäßig zu tun (zum Beispiel jeden Freitag zum Sport zu gehen)."
Wenn ein Zen-Mönch jeden Morgen den Tee auf genau dieselbe Weise zubereitet, ist das keine Gewohnheit, sondern bewusstes Zelebrieren. Das bedeutet - und hierin liegt der Clou - dass durch diesen bewussten Akt das scheinbar Wiederholte im Erleben immer wieder neu wird. Mit anderen

Worten: Wenn wir jede Sekunde in unserem Dasein achtsam und bewusst lebten, könnten Automatismen gar nicht entstehen.

WARUM EIN KREATIVES LEBEN UNS JUNG ERHÄLT

Wer gern jung bleiben möchte, tut gut daran, einem kreativeren Leben Aufmerksamkeit zu schenken. Dazu muss man wachsam sein und sich eine gehörige Portion Flexibilität erhalten. Es geht um *Bewusstheit* und damit um die Leidenschaft für das Wunderbare in unserem Leben. Das ist eines der Geheimnisse für das Jungbleiben – ein Jungbrunnen, der nur allzu selten als solcher benannt oder auch nur erkannt wird.

Das weitverbreitete Stereotyp, dass alte Menschen fixiert und borniert seien, macht sich genau daran fest, dass viele sich nicht mehr auf Neues einstellen können, geschweige denn, dass sie in der Lage wären, gewohnte Lebensmuster zu ändern. Verantwortlich dafür ist jedoch nicht das Alter. Verantwortlich sind wir selbst, wenn wir unser Leben durch zu viele gewohnte Denk-, Sicht- und Verhaltensweisen zu Einbahnstraßen werden lassen.

Als ich vor einigen Jahren mit *Leben wagen bis ins hohe Alter* das erste Buch zum Thema dynamisches, aktives Alter schrieb, begegnete ich vielen Männern und Frauen, die Außergewöhnliches vollbrachten und damit aus der Norm fielen. Einer von ihnen war Hermann Pünder. Er hatte nichts Spektakuläres vorzuweisen und doch war auch er außergewöhnlich, wie Sie an folgendem Buchausschnitt sehen werden:

"Dr. Hermann Pünder gehört nicht zu der Gruppe von Menschen, die im Alter ungewöhnliche Dinge tun. Weder besteigt er 4000er-Gipfel noch ist er durch den Ärmelkanal geschwommen, er ist nicht berufstätig geblieben, hat kein Geschäft eröffnet und hat auch nicht vor, die Sahara zu durchqueren. Und dennoch ist der ältere Herr mit dem vertrauenswürdigen Gesicht ein hervorragendes Beispiel, wie man Alter – und vielleicht auch das Leben an sich? – wunderbar leben kann. Ein Haus mit Garten in einem Hamburger Wohnviertel. Mir gegenüber sitzt ein Mann von 86 Jahren, ehemals Augenarzt. Er hat mir den Platz mit Blick ins Grüne angeboten, "damit Sie einen schönen Blick haben". Das Ungewöhnliche im Gewöhnlichen. Es beginnt manchmal mit Kleinigkeiten. Ich bin sicher, dass dieser Platz sein eigener Stammplatz ist, denn genau vor mir liegt ein Brief, darauf eine Lesebrille. Das Ärzteblatt und die Bücher auf dem Tisch, Anna Karenina *von* Leo Tolstoi, Ein ungezähmtes Leben *von Jeanette Walls, liegen nicht dort, wo er jetzt sitzt. Festhalten am Gewohnten, und sei es nur der Lieblingsplatz, kennzeichnet viele Menschen, zumal mit*

zunehmendem Alter. Doch bei Hermann Pünder scheint einiges anders zu sein. "Neues ist mein Steckenpferd", sagt er gleich zu Beginn. "Ich bin sehr neugierig, interessiere mich für alles."

Als ich damals mit den Recherchen für mein Buch *Leben wagen bis ins hohe Alter* begann, hatte ich die Vorstellung oder den Wunsch herauszufinden, ob es einen gemeinsamen Nenner gibt für Menschen sehr hohen Alters, die ihr Leben auf außergewöhnliche Weise meistern. Die Altersforschung macht den gemeinsamen Nenner gern an Faktoren fest wie Ernährung und Bewegung oder gar an den Genen. Bei den 80-, 90- und 100-Jährigen, zu denen ich recherchiert habe, gab es diesen gemeinsamen Nenner bei einer gewissen Anzahl von Personen, bei anderen aber gab es diese Faktoren nicht. Eines traf ich dagegen immer bei diesen beeindruckenden Menschen an: die Lust auf das Leben.

Jeden Tag *neu* leben – auch das ist eine Art von Kreativität. So sprühte Neugier auf das Morgen aus den Augen des 80-jährigen Christian Gruhl, während er begeistert von seinen Plänen für die Zukunft sprach und davon, dass er noch 50 Jahre leben müsste, um all das zu verwirklichen. Lust am Leben machte sich keck bemerkbar, als die 98-jährige Hilda Kemp mit einem verschmitzten Lächeln aufsprang, um ihre Leidenschaft für schicke Pumps zu präsentieren. Und in den ruhigen, freudvollen Worten von Connie Brown, die mit 102 Jahren immer noch ihren Fish&Chips-Imbiss betrieb, schwang harmonisches Einssein mit sich und dem Fluss des Lebens mit.

Wie geht das, im Alter noch neugierig auf das Leben zu sein? Kennt man mit 80 nicht den inzwischen immer gleichen Alltag? Weiß man mit 90 nicht längst, was das Leben für einen bereithält? Kann es für einen 100-Jährigen noch etwas geben, das für ihn wirklich neu ist? Diese Fragen erscheinen uns stichhaltig, weil wir gewohnt sind, Alter auf eine beschränkende Weise zu sehen. In Wirklichkeit sind die Fragen falsch gestellt: Nicht am Alter müsste man es festmachen, sondern an der Persönlichkeit eines jeden Einzelnen, denn dort liegt die Antwort. Für Menschen, die ihr Leben mit Leidenschaft immer wieder neu kreieren, gehört "das Alter" zu den Themen, die sie am wenigsten interessieren, auch wenn sie 70, 80 oder 90 Jahre alt sind. Dies ist insofern stimmig, als solche Menschen einem nicht das Gefühl vermitteln, man habe "alte" Menschen vor sich. Sie wirken in ihrem Wesen, ihrer Lebensfreude, ihrer Begeisterung unendlich jung – trotz der Falten und trotz grauer Haare.

"Alter" ist keine unbekannte Größe, die uns unversehens mit dem 65. Lebensjahr überfällt. Das Alter folgt lediglich dem Leben, das wir bis dahin gelebt haben. So wie ein Zug den Weg nimmt, dem man ihm durch Weichenstellung vorgegeben hat, so wird auch unser Leben sich entsprechend unserer Vorgaben entwickeln. Wenn Sie Ihrem Leben starre Schienen und Einbahnstraßen anbieten, wird Sie dies zu den dadurch anvisierten, recht eng definierten Zielen bringen. Bieten Sie ihm breite Alleen und immer neue Pfade an, wird es auch im Alter breite Alleen und spannende Pfade geben.

Jungsein hat viel mit lebendig sein zu tun, mit Freude am Leben, mit der Neugier auf das Morgen. Das aber kann sich nicht entfalten, wenn wir unser Leben mit Schienen altbewährter Gewohnheiten durchzogen haben. Wenn wir uns ein kreatives Leben wünschen, das sich stetig erweitert, das reicher wird an Farbe, Intensität und Lebensqualität, dann sollten wir tunlichst darauf achten, nicht zu Sklaven unserer Gewohnheiten zu werden.

Ein gewisses Maß an Muster und Routine braucht man vielleicht im Leben – der eine mehr, der andere weniger. Doch wenn dieses zu einer unsichtbaren Zwangsjacke wird, derer man sich nicht mehr entledigen kann, geht ein Stück Leben verloren. Wer nichts mehr entdecken kann im Leben, empfindet nicht nur Langeweile und Frustration, er lässt auch seine Neuronen einschlafen. Spätestens hier sollten die Worte neu, neugierig oder kreativ jedermann interessieren, denn wir alle wollen unser Gehirn aktiv und gesund erhalten. Leider scheint die Bedeutung, die ein *abwechslungsreiches Leben* für unser Gehirn hat, weit weniger bekannt zu sein als Kreuzworträtsel oder Sudoku.

Während es früher hieß, dass das Gehirn mit zunehmendem Alter abbaue, da es sich nicht regenerieren könne, weiß man heute, dass das Gehirn durchaus in der Lage ist, sich zu regenerieren, und das bis ins hohe Alter hinein. Die neuere Hirnforschung sagt uns auch: Wenn man das Gehirn aktiv und leistungsfähig erhalten will, muss man die tägliche Routine verlassen, denn bei Automatismen ist es wenig gefordert. Was es für das Gehirn bedeutet, wenn wir unser Leben in Routine verfallen lassen, hat ein italienischer Arzt und Psychotherapeut einmal bildlich umschrieben: "Da sich wiederholende Gedanken dem Gehirn immer wieder dieselben nervlichen Abläufe aufzwingen, reduziert es sich auf ein Minimum, verkalkt, reift nicht und verwelkt." Salopper ausgedrückt: Wir öden unser Gehirn an und es "bedankt" sich dafür, indem es seine Lust auf Entfaltung zurückfährt.

Unser Gehirn möchte Herausforderung, möchte Neues erleben. Es möchte bei allem, was wir tun, aktiv "mitmachen". Ich formuliere es ganz bewusst so, als ob ich über ein lebendes Wesen sprechen würde, denn für mich ist es das. Mediziner, die Organe als "biologische Teile" des Menschen ansehen, mögen darüber lächeln, ganzheitlich denkende Menschen verstehen es. Ein kreatives Leben, das sich entfaltet und immer wieder neu erschafft, ist also nicht nur eine nette Lebensvariante, die uns dynamisch und innerlich jung erhält, es interessiert auch unser Gehirn und hält uns damit auch biologisch gesehen jung.

WIE KANN DIESES BUCH IHNEN HELFEN, KREATIVER ZU WERDEN?

M an wird kaum jemals kreativ werden, indem man Bücher über Kreativität nur liest. Kreativität verlangt nach *Tun*.

Es geht dabei in erster Linie um das Experimentieren, also darum, durch *Handeln* andere Verhaltensweisen auszuprobieren, Ungewohntes zu wagen, Neues zu entdecken. Wenn Sie dieses Buch nur "lesen", wird Ihnen das ein paar vergnügliche Stunden und vielleicht auch die eine oder andere Erkenntnis bescheren, doch es wird kaum etwas in Ihrem Leben ändern. Der Erfolg hat seine Wurzel in der Ernsthaftigkeit. Wie ernsthaft wollen Sie kreativer werden? Wie entschlossen sind Sie, durch mehr Kreativität jung zu bleiben? Ernsthaftigkeit und Entschlossenheit zeigen sich daran, wie sehr Sie sich auf das Ausprobieren und Handeln einlassen. Denn in keinem Bereich des Lebens wird man ein Meister, wenn man das Üben auslässt – auch nicht in der Kreativität.

Aus diesem Grund enthält jedes Kapitel in diesem Buch Beispiele und Übungen, damit Sie Dinge konkret ausprobieren können. Um Sie zusätzlich zu animieren, habe ich mir für dieses Buch ein neues System ausgedacht: eine Selbsteinschätzung und Selbstbewertung. So finden Sie im Anschluss an jede Übung ein kleines Feld, in welches Sie eintragen können, wie Sie sich in der Auseinandersetzung mit dem entsprechenden Thema auf einer Skala von 0-12 selbst bewerten. Wenn Sie eine Übung lediglich *gelesen* und nur ein paar rasche Gedanken darauf verschwendet haben, werden Sie eine sehr kleine Zahl eintragen. Wenn Sie etwas konkret *ausprobiert* haben, steigt Ihre Bewertung und wenn Sie sich wirklich *intensiv* damit beschäftigt haben, geben Sie sich hierfür vielleicht eine hohe Zahl.

Neben diesem Feld für eine erste Selbsteinschätzung, finden Sie zwei weitere für eine zweite und dritte Selbstbewertung. Drei Durchgänge? Warum? Ganz einfach deswegen, weil es kaum etwas gibt, das schwerer umzusetzen ist, als eine Gewohnheit loszuwerden und sich neue Denk-, Sicht- und Verhaltensweisen anzueignen. Die drei Felder sollen Sie ermutigen, am Ball zu bleiben. Wenn Sie zum Beispiel beim ersten Durchgehen nicht alle Übungen ausprobiert haben, können Sie das in einem zweiten Durchgang nachholen. Oder Sie erreichen beim ersten Mal öfter nur kleine Zahlen, dann werden Sie sehen, dass Ihre Selbstbewertung beim zweiten oder dritten Versuch höher ausfallen wird.

Veränderung (und unsere Bereitschaft hierzu ...) braucht Zeit, manchmal viel Zeit. Wie Sie mit den Übungen umgehen, hängt somit vor allem davon ab, wie ernst Ihnen das Ganze ist. Wenn Sie wirklich kreativer werden möchten in Ihrem Leben, dann sollten Sie sich mit diesem Buch nicht nur einmal beschäftigen und sich für den Anstoß zu diesem Prozess wenigstens ein paar Monate geben. Die ganz hohen Zahlen in der Selbstbewertung stehen dafür, dass Sie eine Veränderung oder neue Sicht *tatsächlich in Ihr Leben integriert* haben. Das wird selten bei der ersten Beschäftigung mit solchen Übungen eintreten.

Am Ende des Buches finden Sie eine Tabelle, in der alle Übungen aufgeführt sind. Dies ermöglicht es Ihnen, einen Überblick zu bekommen. Wenn Sie nach dem ersten Durchgang alle Ihre Zahlen in diese Tabelle übertragen, sehen Sie sofort, in welchen Bereichen Sie richtig gut waren und in welchen weniger erfolgreich. Dann können Sie zu allen Übungen zurückkehren und sich ein zweites Mal daran versuchen, oder Sie suchen sich jene aus, die Ihnen am meisten Spaß gemacht haben, vielleicht aber auch gerade jene, die Sie eher vermeiden wollten und bei denen Ihre Bewertungen recht niedrig ausfielen. Denn nicht alle Kapitel und Beispiele werden Sie auf Anhieb ansprechen. Manche können Sie unter Umständen auch verunsichern. Veränderung hat es an sich zu verunsichern.

Sehen Sie diese "Bewertungen" bitte nicht als Leistungsabfrage an, sondern wie einen Wegweiser, der Ihnen zeigt, wo Sie gerade recht gut unterwegs sind und wo möglicherweise nicht so gut. Deswegen gibt es auch keine Maximalpunktzahl, die man erreichen muss, denn wenn der eine alle Themen spannend findet und sich überall maximal einbringen will, werden für die andere vielleicht nur ein paar ausgewählte Bereiche zum Kick für kreative Erfahrung, die sich dann anderweitig potenziert.

Am Ende des Buches finden Sie einen 12-Monatskalender, in den Sie – ab dem Zeitpunkt, da Sie mit diesem Buch zu arbeiten beginnen – jeden Monat Ihr schönstes oder erfolgreichstes kreatives Erlebnis eintragen können, das Sie durch dieses Buch verwirklichen konnten.

Gern können Sie auch mit mir Kontakt aufnehmen und die spannendsten Erfahrungen Ihrer neuen Lebenskreativität mit mir teilen. Ich würde mich darüber freuen.

KREATIVITÄT - WAS IST DAS GENAU?

Wenn wir Kreativität im Sinne dieses Buches ganz frei und ungezwungen als ein kreativ geführtes Leben verstehen, erscheint es nicht unbedingt nötig, "Kreativität" weiter zu definieren. Dennoch mag dies sinnvoll sein, da wir bei gängigen Begriffen gewisse Bilder und Vorstellungen im Kopf haben. Gerade "Kreativität" oder "kreativ sein" gehören in den letzten Jahren zunehmend zu den viel benutzten Begriffen. Kreativität war im Denken der Menschen über lange Zeit hinweg der Kunst oder Erfindern vorbehalten. Doch führten eine neue Zeit und eine sich verändernde Gesellschaft dazu, dass "kreativ sein" zu einem begehrten Attribut geworden ist. Menschen, die als kreativ gelten, werden im privaten Umfeld bewundert und beneidet und in der Gesellschaft sehr gelobt (manchmal auch gefürchtet). In der Unternehmenswelt erwartet man heutzutage von den Mitarbeitern Kreativität gar wie eine Art Leistung.

Was aber ist Kreativität nun wirklich? Der Begriff ist weniger eindeutig als viele meinen mögen. So wie es in jeder Disziplin, ob in Philosophie, Soziologie oder Psychologie, immer verschiedene "Schulen" bzw. Denkrichtungen oder

Überzeugungen gibt, so gibt es in Bezug auf Kreativität verschiedene Vorstellungen davon, was darunter zu verstehen sei. Die beiden Extrempositionen mögen den meisten von Ihnen bekannt sein. Die eine besagt, dass man als kreativer Mensch geboren wird, man folglich echte Kreativität nicht wirklich "erwerben" kann. Die Gegenposition dazu besagt, dass jeder Mensch kreativ sein kann, weil die Fähigkeit dazu in jedem angelegt ist. In beiden Fällen denkt man meist in erster Linie an "kreatives Schaffen", zuallererst an Kunst.

In der Industrie dominiert – wirtschaftlichen Interessen entsprechend – die Sichtweise einer eher produkt- oder sachbezogenen Kreativität. Sie besagt, dass man nicht allgemein und sozusagen im luftleeren Raum kreativ sein kann, sondern nur in Bezug auf etwas ganz Bestimmtes. Dazu benötige man auf jeden Fall die entsprechenden Fachkenntnisse. Daneben gibt es die Meinungen, die Kreativität mit Intuition und Eingebung verknüpfen, dabei aber ebenso unterstreichen, dass man diese nur auf Basis eines bestimmten Vorwissens entwickelt. Schließlich gibt es noch die stringente Überzeugung, Kreativität könne man auf jeden Fall wie eine Technik erlernen, da es eine Art des Denkens sei.

Alle diese Ansichten treffen, je nach Kontext, in der einen oder anderen Weise zu, wenn auch nicht immer in ihrer Absolutheit. Nehmen wir die erste Meinung, die weit verbreitet ist, weil sehr viele Menschen Kreativität einseitig mit Kunst verbinden. Diese Definition besagt, dass man als Mozart, da Vinci, Picasso oder Goethe schlichtweg geboren wird. Gewiss haben außerordentlich begabte kreative Menschen ihre Fähigkeiten schon als "Grundausstattung" in ihr Leben mitgebracht. Doch sind da Vinci und Picasso nur dadurch zum berühmten da Vinci und zum gefeierten Picasso geworden, da sie als Begabte auf die Welt kamen? Oder haben sie nicht hart daran gearbeitet, ihre Kreativität zu verteidigen, zu entfalten und jene zu werden, die sie am Ende waren?

Die Ansicht, dass Kreativität durch Eingebung und Intuition erfolgt, ist ebenfalls richtig. Das trifft sowohl auf hochbegabte Künstler zu wie auf Erfinder. Es ist mehr als bekannt, dass viele Entdeckungen auf zufällige – oder auch: "zufallende" – Geistesblitze zurückgehen. Zu Eingebung und Intuition hat aber jeder normale Mensch Zugang, wenn er diese sucht bzw. sich für sie öffnet. Somit kann jeder auch Zugang zur Kreativität finden.

Edward de Bono, einer der international wohl bekanntesten Kreativitätstrainer, sagt, dass Kreativität erlernbar ist. Er lehrt "Denktechniken" als eine Art Werkzeug, das man gezielt anwenden kann, um systematisch und strukturiert zu dem zu kommen, was anderen durch Eingebung zufällt. Denkschulen trainieren das Entwickeln einer Vielfalt von Ideen oder Lösungen für ein bestimmtes Problem, eine Fähigkeit, die als Charakteristikum für Kreativität gilt. Ganz anders Carl Jung. Er definiert Kreativität über das Spielen. "Neues entsteht nicht durch den Inhalt", so sagte er, sondern durch den Spieltrieb, der aus innerer Notwendigkeit agiert. Der kreative Geist spielt mit den Objekten, die er liebt."

Letzten Endes trifft auch die These in gewisser Weise zu, die besagt, dass man nur in Bezug auf etwas ganz Bestimmtes kreativ werden könne, weil man etwas über das Gebiet wissen muss, in dem man kreativ tätig werden will. Natürlich kann man in der Quantenphysik nicht kreativ werden, wenn man noch nie etwas von Quantenphysik gehört hat. Es geht dabei aber nicht nur um "Wissen", sondern auch darum, inwieweit man seine gezielte Aufmerksamkeit auf etwas richtet. So kann ein Künstler in Hinblick auf ein Alltagsproblem völlig einfallslos sein, wenn ihn dieses Alltagsproblem nicht interessiert.

Worin sich alle klassischen Ansichten einig sind: Kreativität muss *Neues* schaffen, und dieses Neue muss eine *Bedeutung* haben oder zumindest sinnvoll sein. Dabei blickt man meistens auf etwas, das sich "außerhalb" vom Menschen manifestiert und für die Welt als solche "neu" und "bedeutend" ist: ein Kunstwerk, ein Buch, eine Erfindung ...

Mein eigener Weg zur Kreativität führte durch all diese Meinungen. Ich war schon immer das, was man gemeinhin als "kreativ" ansieht: Ich konnte gut malen und zeichnen, ich hatte gestalterisches Geschick und ästhetisches Gefühl, machte Fotos, die prämiert wurden, konnte von jeher gut Geschichten erzählen. Dennoch hatte ich das Gefühl, nicht wirklich kreativ zu sein. Ich fand, dass ich zwar viele Talente besaß, aber zu wenig Esprit, zu wenige Ideen.

So begann ich irgendwann einmal, vor vielen Jahren, damit, Bücher zu lesen über Kreativität (daher auch all die Meinungen und Definitionen, die ich Ihnen hier präsentiere). Doch so viel ich auch las, es vermittelte mir nicht das, was ich suchte, um mich wirklich als kreativ zu empfinden. Da mich das Thema nicht losließ, begann ich, in meiner Beratungsarbeit in Übersee (ich bin Beraterin für Berufsbildungsprojekte der Entwicklungshilfe) Kreativität immer öfter zu erwähnen, und stellte aus dem "Kreativmaterial", das ich lesend erworben hatte, Handreichungen zu kreativem Unterricht an Gewerbeschulen zusammen. Vieles davon waren die bekannten Denkspiele.

Doch immer hatte ich das Gefühl, dass ich "fremd" kreativ war – die Denkspiele, Übungen, Ideen waren nicht meine eigenen, ich hatte sie mir nur von anderen ausgeliehen. Ich aber wollte selbst Geistesblitze haben, wollte, dass mir witzig-originelle Formulierungen spontan einfielen, wollte nicht eine einzelne Idee für ein Buch haben, sondern dutzende. Die eher technisch ausgerichteten Bücher zur Kreativität, die sozusagen ein "Instrumentarium" anboten, wie man Kreativität erwerben kann, brachten mich nicht wirklich weiter. Erst als mir jemand das Buch von Julia Cameron empfahl, *Der Weg des Künstlers*, begann sich das Blatt zu wenden. "Kreativität", so sagt sie, "ist mit Initiative gepaarte Inspiration." Sie bietet kein Hirnjogging an wie die meisten anderen, bei ihr geht es darum, sich selbst zu entdecken. Ich begann vieles in meinem Leben auszuprobieren, was mit *mir* zu tun hatte und nicht damit, *etwas* Kreatives zu schaffen. Es hatte damit zu tun, seine Wünsche zu leben, seine Visionen zu verwirklichen, freier zu werden, indem man das, was in einem liegt, hervorholt. Von da an ging es steil bergauf mit meinem Empfinden, mich kreativer zu fühlen. Die Ideen fielen mir nur so zu und nach originellen Entgegnungen brauchte ich nicht mehr zu suchen.

Deswegen vertrete ich hier die Ansicht, dass Kreativität auch das ist, was man "in sich" schafft, was für einen selbst neu und bedeutend ist, ja, dass man sich in seinem Leben sogar komplett neu erfinden kann! Diese Meinung kommt dem gleich, was einmal Anton Tschechow, der große russische Dramaturg, in Bezug auf Kunst gesagt hat: "Wenn Sie an Ihrer Kunst arbeiten möchten, dann arbeiten Sie an Ihrem Leben."

Ich bin überzeugt davon, dass echte Kreativität ihre Wurzeln im ganz normalen Leben hat, dass aber die (Lebens-)Kunst gerade darin besteht, aus diesem "ganz normalen" Leben ein außergewöhnliches zu machen.

Das ist, zuerst einmal, keine Kreativität, die noch nie dagewesene Kunstwerke kreiert, die neue Produkte schafft oder bahnbrechende Entdeckungen macht: Es ist eine kleine, ganz individuelle Kreativität, auf das eigene tägliche Leben bezogen. Doch auch hier kommen Kriterien zum Zug, die in den oben genannten Definitionen enthalten sind: der konkrete Bezug zu dem, worin Sie kreativer werden wollen (Ihr Leben), die Fähigkeit, Kreativität zu erlernen (Sie können es üben), die Vielfalt in der Betrachtungsweise (raus aus den Einbahnstraßen in Ihrem Leben), das Gestalten von Neuem (alles, was Sie anders machen können).

Die Voraussetzungen dafür, kreativer zu werden, liegen in erster Linie in der Fähigkeit, anders und neu zu denken. Das klingt zunächst nicht schwer, fordert uns aber im täglichen Leben stärker, als man meinen möchte. Es gilt, Alltägliches neu betrachten zu können, übliche Sichtweisen umzukehren, Gewohntem neue Funktionen zu verleihen, mit Formen zu spielen, Dinge miteinander zu kombinieren, die auf den ersten Blick nichts miteinander zu tun haben. Dazu muss der Geist frei sein können. Wie wir jedoch bereits eingangs sahen, haben wir in unserem Leben Blockaden errichtet, die die Freiheit des Geistes einengen. Wenn wir also kreativer werden wollen, müssen wir es zuerst mit den Blockaden aufnehmen.

Bei Menschen, die eine künstlerische Veranlagung haben und die ihre Kreativität bereits leben, spricht man von Kreativitätsblockaden dann, wenn der Fluss des kreativen Schaffens plötzlich ins Stocken kommt: Ein Maler steht einfallslos vor der weißen Leinwand, ein Autor kommt in seinem Roman einfach nicht weiter. Bei Menschen aber, die keine Künstler sind, ist es andersherum: Die Blockaden sind zuerst da und versperren den Weg zu einem kreativeren Leben. Zu den wesentlichen Blockaden für die Kreativität zählt, wie bereits eingangs deutlich hervorgehoben, die Routine.

Der Routine auf die Spur kommen

Gewohnheiten sind wie eingefahrene Spuren in unserem Leben. Jeder von Ihnen kennt die Trampelpfade, die eilige Menschen quer über eine Wiese angelegt haben, um schneller ans andere Ende zu gelangen. Solche Trampelpfade ziehen sofort den Blick auf sich, laden ein, ihnen zu folgen, rufen richtiggehend danach, sie wieder und wieder zu benutzen.

Genauso ist es auch mit unseren Gewohnheiten, den "Trampelpfaden", die wir in unserem Alltag angelegt haben und denen wir bereitwillig und ohne nachzudenken folgen – der linke Schuh immer als erster, das Müsli wie jeden Morgen, die Tageszeitung wie sonst auch zum Frühstück, die Tasche rechts geschultert wie gewohnt. Den Weg zur Arbeit kennen wir auswendig und könnten ihn halb blind fahren, wenn die Straßenverkehrsordnung dies erlaubte und es nicht so gefährlich wäre. Der Morgengruß zu den Kollegen ist vermutlich seit Jahren derselbe, der Finger, mit dem wir den PC in Gang setzen, wohl auch.

Die Liste könnte beliebig fortgesetzt werden und sie würde, wenn wir uns genau beobachteten, sehr lang werden. Vielleicht wundern Sie sich über die Nennung solch kleiner Selbstverständlichkeiten. Tatsächlich aber lassen uns viele dieser Gewohnheiten in unseren Handlungen "einspurig" werden. Gelegentlich schadet uns solch gewohnheitsmäßige Einseitigkeit sogar ganz real. Hier ein einfaches Beispiel: Viele Männer haben es sich angewöhnt, das Portemonnaie in der Gesäßtasche zu tragen, meistens rechts. Nun fanden britische Wissenschaftler heraus, dass die ungleiche Druckverteilung beim Sitzen auf dem Portemonnaie die gesamte Statik des Beckens und der Lendenwirbelsäule verändert und somit eine Schiefstellung des Rückens zur Folge hat, die langfristig zu Problemen am Rückgrat führen kann. Sie sehen also: Auch kleine, unbedeutend erscheinende Gewohnheiten können schwerwiegende Folgen haben.

Nun mögen Sie einwenden, dass dies bei vielen anderen Gewohnheiten nicht zutrifft und eine gewisse Routine das Leben einfacher macht, da sie Zeit erspart und außerdem Sicherheit verleiht. Natürlich spart es Zeit, wenn wir, gedankenlos und wie gewohnt, das Müsli in die Schüssel schütten oder den gleichen Weg wie immer fahren. Aber Vorsicht: Es spart deswegen Zeit, weil wir uns gedanklich nicht mit dem beschäftigen müssen, was wir tun. Wir können stattdessen beim Müsli bereits daran denken, was wir anziehen sollen, und auf dem Weg zur Arbeit können wir uns damit beschäftigen, was der Chef wohl zu unseren Vorschlägen sagen wird. Diese Zeitersparnis aber bedeutet ein Weniger an Achtsamkeit, ein Weniger an Präsenz in dem, was wir tun. Wir würden in der heutigen modernen Sprache dazu sagen: Es ist ein *Fake* an Zeitersparnis, ein Imitat, ein Schwindel. Es täuscht vor, dass wir etwas gewinnen. In Wirklichkeit verlieren wir etwas. Wir verlieren ein Stückchen Leben, das Jetzt-Leben.

Gewohntes verleiht Sicherheit. Auch das trifft zu. Wenn Sie ein gutes Restaurant entdeckt haben oder einen preisgünstigen Urlaubsort, gibt Ihnen das die Sicherheit, dort jederzeit gut aufgehoben zu sein. Warum etwas anderes ausprobieren (oder gar riskieren), wenn das Gewohnte doch gut ist. Bekannte Abläufe, bekannte Muster, bekannte Situationen – sie schützen uns vor unliebsamen Überraschungen, deshalb lieben wir sie. Und was wir lieben, an dem halten wir fest. Was uns dabei entgehen könnte, fällt dabei nicht mehr ins Gewicht. Wir entdecken es vielleicht eines Tages eher zufällig, vielleicht zu spät.

Eines aber ist seltsam. Obwohl wir gern an kleinen wie auch größeren Gewohnheiten festhalten, fällt es den meisten Menschen schwer, diese auf Anhieb zu *benennen*. Das ist im Grunde paradox, denn eigentlich müsste es sehr einfach sein zu sagen, wo wir gewohnheitsmäßig handeln, denn es ist ja genau das, was wir immer tun – jeden Tag, jede Woche, jeden Monat.

Diese scheinbar paradoxe Situation hat dennoch eine logische Erklärung: Da Gewohnheiten sich meistens recht unbemerkt in unser Leben schleichen, nehmen wir sie nur allzu oft nicht als solche wahr, und etwas, das man nicht bewusst wahrnimmt, kann man folglich auch nicht auf Anhieb benennen.

☐ DAS "IMMER GLEICHE" ENTLARVEN

"Wir haben das schon immer so gemacht!" oder "So etwas hat noch nie funktioniert!" – Wer kennt diese beiden Sätze nicht aus einem frustrierenden Arbeitsalltag, wenn Kollegen oder, schlimmer noch, der Chef, damit Neuerungen oder Änderungsvorschläge vom Tisch fegen. Diese beiden Sätze sind die Top-Killersätze für jegliche kreative Idee oder Neuerung.

In Ihrem Privatleben und Ihrem Alltag sind Sie sich selbst ein solcher Killer, wenn "immer" und "nie" zu Ihren Lieblingsworten gehören.

Das Wörtchen "immer" steht schlichtweg als Synonym für Gewohnheit. Sie erinnern sich an die Tomaten und die Stühle aus der Einleitung. Es ist ein Schlüsselwort, dem zentrale Bedeutung zukommt. Es steckt in allem, was wir aus Gewohnheit tun.

WAS ICH IMMER (GENAU SO) MACHE …

Nehmen Sie sich zum Einstieg ein wenig Zeit, um gezielt Ihren Alltag zu durchforsten und zu sehen, welche alltäglichen Verrichtungen Ihnen so zur Gewohnheit geworden sind, dass Sie diese tatsächlich "immer" tun.

Am besten, Sie gehen systematisch einen typischen Tag durch, von frühmorgens beim Aufstehen bis abends beim

Zubettgehen. Suchen Sie nicht nur nach den auffallenden Gewohnheiten, beachten Sie auch Kleinigkeiten. Denken Sie daran, dass es schon Beziehungskrisen gegeben hat, weil der eine die Zahnpastatube "immer aufrollt", während der andere sie "immer nur ausdrücken" will. Gewohnheiten machen nicht nur mit einem selbst etwas, sie wirken auch auf unser Umfeld. Je näher dieses ist, umso stärker wird es davon betroffen sein.

Wenn Sie meinen, dass Sie kaum etwas aus Gewohnheit tun, hilft es vielleicht, sich vorzustellen, was Sie am Tag tun können, ohne darüber nachzudenken. Was machen Sie in der Früh als Erstes? Wonach greifen Sie im Bad? Kaffee *as usual?* (Oder: die Zeitung, der Autoschlüssel, der Weg zur Arbeit, das Mittagssandwich, der Einkauf, der Abwasch, das Fernsehen ...) Das müsste Ihnen etliche Beispiele liefern.

Vielleicht finden Sie viele Gewohnheiten und Ihre Liste wird sehr lang. Dann sind Sie möglicherweise jemand, der sich genau beobachtet oder Sie haben gar schon eine gewisse Sensibilität für das Thema entwickelt. Vielleicht aber will Ihnen partout nichts einfallen und es stehen nur zwei, drei Dinge auf Ihrem Zettel. Lassen Sie ihn ein paar Tage liegen und denken Sie ab und zu darüber nach, der Zettel wird sich sicher noch füllen.

Wenn Ihre Liste Ihrer Meinung nach fertig ist, dann versuchen Sie, die Gewohnheiten in vier Typen einzuteilen. Sortieren Sie zuerst jene aus, die Ihnen auferlegt werden (hierher gehört zum Beispiel Routineverhalten, das durch Ihre Arbeit oder durch den Schulbesuch der Kinder erzwungen wird), dann jene, die Sie ganz bewusst tun (zum Beispiel tägliches Meditieren oder Schönheitsrituale). Übrig bleiben die persönlichen Vorlieben (z. B. das Lieblingsrestaurant, die Lieblingszeitschrift) sowie die kleinen, mechanisch gewordenen Handlungen, Gesten, Handgriffe.

Wenn Sie die Liste derart sortieren konnten, sind Sie schon richtig gut im Thema.

Legen Sie sich die Liste dann hinten ins Buch und schauen Sie sich diese später noch einmal an. Vielleicht sortieren Sie später neu.

ICH BEWERTE (PUNKTE VON 0-12)		
MEINE ERSTE BESCHÄFTIGUNG MIT DIESER ÜBUNG MIT:	MEINEN FORTSCHRITT BEI DER ZWEITEN BESCHÄFTIGUNG:	MEINEN FORTSCHRITT BEI DER DRITTEN BESCHÄFTIGUNG:

Vielleicht haben Sie sich diese Liste Ihrer Gewohnheiten am Ende angesehen und sich gefragt, ob es überhaupt möglich ist, manche Dinge zu ändern bzw. worin der wahre Zugewinn liegen wird, wenn Sie überhaupt etwas ändern.

In der Tat ist es richtig, dass "erzwungene" Gewohnheiten wie zum Beispiel jene, frühmorgens um 7 Uhr aufzustehen, weil man zur Arbeit muss, kaum geändert werden können, es sei denn, Sie ändern Ihre Arbeitszeiten. Ebenso macht es keinen Sinn, Verhaltensweisen zu ändern, die man ganz bewusst geschaffen hat, die man bewusst erlebt oder gar genießt. Im Fadenkreuz stehen hier vor allem jene Gewohnheiten, die sich irgendwann einmal unbemerkt in Ihr Leben geschlichen haben, die mechanisch geworden sind und über die Sie nicht nachdenken – der linke Schuh, die Zahnpasta, die Zeitung, der Weg zur Arbeit, die Handgriffe im Büro, aber auch das lieb gewordene Restaurant, der Urlaubsort, die Kleidung.

Dass es Bedeutung und Wirkungen haben kann, das Lieblingsrestaurant oder den lieb gewordenen Urlaubsort zu wechseln, das können Sie sich vermutlich gut vorstellen. Aber was kann es schon heißen, so kleine nebensächliche Gewohnheiten zu verändern wie Tomaten anders zu schneiden oder die Reihenfolge beim Schuhanziehen zu ändern? Das dürfte, so meinen Sie vielleicht, weder schwierig sein noch besondere Bedeutung haben. Nun, ich lade Sie ein, es auszuprobieren. Wenn diese Kleinigkeiten einerlei sind, müsste man sie problemlos ersetzen können. Testen Sie selbst, ob es so ist und wie Sie sich dabei fühlen.

"ABSCHIED AUF ZEIT" VON EINER GEWOHNHEIT

Suchen Sie sich aus den Gewohnheiten in Ihrer Liste eine Verhaltensweise aus, die Sie als mechanisch geworden identifiziert haben. Es sollte eine kleine Gewohnheit sein, vielleicht sogar eine, die Sie für völlig unbedeutend halten – ganz so wie das Schuhanziehen oder die Tasche auf einer bestimmten Seite zu tragen –, aber es sollte etwas sein, das Sie täglich tun (bitte keine Gewohnheit aussuchen, die gesundheitlich begründet ist). Dann ändern Sie diese Verhaltensweise für eine kurze Zeit.

Wenn es etwas ist, das Sie nur einmal am Tag tun, müssten Sie es mindestens zwei, drei Tage lang ändern, um eine

Wirkung zu beobachten. Wenn Sie es mehrmals am Tag tun, kann auch ein einziger Tag genügen.

Beobachten Sie, wie es auf Sie wirkt, wie Sie sich dabei fühlen, was es hervorruft, das Gewohnte anders zu machen. Ist es Ihnen einerlei? Finden Sie es störend? Oder gefällt es Ihnen vielleicht sogar? Lassen Sie alles zu, es ist ja nur für kurze Zeit, dann können Sie zu Ihrer liebgewordenen Gewohnheit zurückkehren. Halten Sie jedoch fest, was Sie dabei erlebt haben, schreiben Sie es kurz auf, vielleicht in einem eigens für diese Kreativitätsübungen angelegten Heft oder Tagebuch.

Testen Sie es mit anderen Gewohnheiten aus Ihrer Liste am besten über die ganze Zeit hinweg, da Sie dieses Buch lesen. Es beschert spannende Erkenntnisse.

ICH BEWERTE (PUNKTE VON 0-12)		
MEINE ERSTE BESCHÄFTIGUNG MIT DIESER ÜBUNG MIT:	MEINEN FORTSCHRITT BEI DER ZWEITEN BESCHÄFTIGUNG:	MEINEN FORTSCHRITT BEI DER DRITTEN BESCHÄFTIGUNG:

Das Empfinden, dass Sie bei dieser Übung hatten, kann ein Hinweis darauf sein, wie bereit sie dazu sind, etwas "zu verändern". Je flexibler Sie darauf reagierten, indem Sie sich vielleicht nur kurz über die Andersartigkeit wunderten oder Sie es gar spannend fanden, umso leichter werden Ihnen auch andere Übungen im Buch fallen. Kreative Menschen haben weniger Probleme damit, wenn etwas anders ist als sonst.

Wenn es Sie eher irritiert hat, es für Sie unangenehm oder gar störend war, dann trösten Sie sich: Sie befinden sich damit in guter Gesellschaft. In einem Seminar, in dem ich einmal diese Übung anwandte, fühlten sich 19 (!) der 20 Teilnehmer nicht wohl damit, eine Gewohnheit geändert zu haben, oder sie hatten dadurch ihr nahes Umfeld gründlich verunsichert. Dabei hatten viele sich recht schlichte Gewohnheiten ausgesucht, wie zum Beispiel, sich die Zähne nach dem Duschen zu putzen statt davor, frühmorgens kein Radio zu hören oder sich am Tisch nicht mehr auf den angestammten Platz zu setzen.

Ist es nicht erstaunlich, dass das Ändern von schlichten, relativ unbedeutenden Handlungen so irritierend sein kann? Es ist ein Hinweis darauf, dass Gewohnheiten offenbar Teil des Lebens werden und ihren Platz darin "verteidigen".

"Blau hat mir noch nie gestanden"

Es gibt Menschen, die immer nach der Mode gehen. Wenn Sie dazugehören sollten, können Sie dieses Beispiel gern auch überspringen. Im Allgemeinen aber hat jeder seine Vorlieben, was Kleidung anbelangt, ob es nun die Farben sind, die Art der Kleidung, der Stil oder die Marke. Manchmal erhalten sich diese Vorlieben über Jahrzehnte hinweg. Es gibt Menschen, die immer wieder zu ein und derselben Farbe greifen, obwohl ihnen – wenn sie es ausprobieren würden – eine andere Farbe genauso gut oder vielleicht sogar besser stehen würde. Andere bevorzugen ein bestimmtes Material, bestimmte Accessoires oder einen bestimmten Typus von Kleidung.

Natürlich will man durch die Art der Kleidung etwas über sich ausdrücken, sie "passt" dann schlichtweg vom Typ her zu Ihnen. Genauso kann es auch sein, dass manche Farbe einem tatsächlich irgendwann einmal nicht gestanden hat. Wer aber sagt, dass dies nach zwanzig Jahren immer noch so sein muss? Wenn man sich auf den Gedanken fixiert und ihn nie mehr hinterfragt, "weil man ja weiß, was einem steht", vergibt man sich neue Erfahrungen. So nebensächlich es auch klingen mag, Farben sind mehr als nur eine modische Note, und wie Sie sich in Ihrer Kleidung fühlen, hat mehr Bedeutung, als nur "angezogen" zu sein.

Hier zwei Beispiele dafür.

Marion, eine Frau Ende vierzig kleidete sich über ein Viertel-
jahrhundert hinweg stets in Cordhose und Pullover mit
V-Ausschnitt, alles in Dunkelblau. Es war "typisch" für sie –
nein, stopp: Es war typisch für ihre Gewohnheit, nicht für
sie. Denn als sie eines Tages begann, Freude für die Farben
Orange und Rosa zu entdecken, als sie plötzlich weiche Blu-
senstoffe zu tragen begann und fließende Schals, ließ dies
ganz andere Seiten an ihr zu Tage treten. Es kam schlichtweg
eine andere Frau zum Vorschein.

Babette, eine Dame Anfang sechzig, war von Kindheit daran
gewöhnt, nur weiße Baumwollunterwäsche zu tragen. Sie
fand dies praktisch und hatte die Gewohnheit von ihrer
Mutter übernommen, ohne sie jemals ernsthaft in Frage zu
stellen. Nur ab und zu, wenn sie im Fitness-Center andere
Frauen sich entkleiden sah und hübsche Spitzenhöschen er-
blickte oder reizende Tangas, da durchzuckte sie der Gedanke,
dass es doch schön wäre, wenn sie auch einmal so etwas
tragen würde. Meistens aber gewann gleich darauf ihr prag-
matischer Geist wieder die Oberhand und alles blieb beim
Alten. Eines Tages las sie den Artikel eines Psychotherapeuten,
der einen Zusammenhang herstellte zwischen dem, wie man
sich kleidet, und dem, wie man sich fühlt. Er schrieb auch,
dass frau schneller abnimmt, wenn sie sich sexy fühlt. Das
schlug bei Babette, die seit jeher erfolglos versuchte abzuneh-
men, endlich ein. Entschlossen packte sie die weiße Baumwollunterwäsche weg und zog los, um sich das zu besorgen,
womit sie sich in Zukunft attraktiv und sexy fühlen würde.

Der Kleider-Check

Und wie steht es bei Ihnen? Haben Sie Lust bekommen auf die Entdeckungsreise durch Ihre Kleidervorlieben? Wenn ja, dann öffnen Sie Ihren Kleiderschrank und durchforsten Sie ihn mit einem neuen Blick. Was verrät er Ihnen über Sie und Ihre Gewohnheiten? Hängen fast nur Röcke darin oder nur Hosen? Dominieren bestimmte Farben? Liegen da einige T-Shirts griffbereit obenauf, weil Sie diese dauernd tragen?

Vielleicht probieren Sie in einem Geschäft einmal ganz bewusst alle Farben aus, von denen Sie immer gemeint haben, dass sie Ihnen nicht stehen. Oder Sie greifen zu einer Bluse, obwohl sie Blusen "eigentlich nicht mögen". Oder Sie probieren nach zwanzig Jahren zum ersten Mal wieder einen Rock an.

Wenn Ihnen gar nichts einfällt, was sie besser oder anders machen könnten, dann fragen Sie eine Freundin, wie diese ihre Kleidergewohnheiten sieht. Marions Freundinnen hatten sich über viele Jahre hinweg gefragt, warum sie immer nur Dunkelblau trug, doch niemand hatte den Mut gehabt, sie darauf anzusprechen.

Egal, was auch immer Sie ausprobieren: Achten Sie darauf, was es mit Ihnen macht, wie Sie sich dabei fühlen. Es könnten interessante Entdeckungen darunter sein.

Gerade das, was es mit einem "macht", ist besonders wichtig bei diesen Experimenten. Es kann Ihnen einen Hinweis darauf geben, was Sie bislang vermieden haben oder vermeiden wollten, kann Ihnen einen Aspekt Ihres "Seins" aufzeigen, den Sie bis dahin vielleicht gar nicht bemerkt hatten. Sie können dies besonders schnell herausfinden, wenn Sie das genaue Gegenteil von dem anprobieren, was Ihre persönliche Vorliebe ist. Angenommen, Sie tragen gern Röcke mit Blumenmuster, zarte Spitzenblusen oder fließend weiche Stoffe und probieren dann Jeans mit Nieten, Karohemd und Lederjacke an – oder umgekehrt. Jeder wird sofort ahnen, dass es dabei eine ganze Kaskade unterschiedlicher Empfindungen geben mag – angenehme wie vielleicht auch unangenehme. Dem nachzugehen kann spannend sein.

ICH BEWERTE (PUNKTE VON 0-12)		
MEINE ERSTE BESCHÄFTIGUNG MIT DIESER ÜBUNG MIT:	MEINEN FORTSCHRITT BEI DER ZWEITEN BESCHÄFTIGUNG:	MEINEN FORTSCHRITT BEI DER DRITTEN BESCHÄFTIGUNG:

ZU WELCHEN FARBEN GREIFE ICH ...?

Ein Beispiel, das noch weiter hineinführt in spannende psychologische Zusammenhänge, könnte jenes von Marion sein und ihrer Vorliebe für Dunkelblau. Sie trug das unscheinbare Outfit in Dunkelblau, wie sich Jahrzehnte später herausstellte, weil sie nicht auffallen wollte, weil sie um jeden Preis die weibliche Note an sich vermeiden wollte. Man muss weder Psychologe noch Esoteriker sein, um zu verstehen, dass Farben "wirken" – auf die Umwelt wie auf einen selbst. Was ist mit Ihnen? Haben Sie generell eine Vorliebe für eine bestimmte Farbe? Sagt dies etwas über Sie aus?

Zu welchen Farben greifen Sie, wenn Sie sich angespannt und erschöpft oder fröhlich und unternehmungslustig fühlen? Spiegelt das Ihr momentanes Befinden wider oder wollen Sie durch die entsprechende Farbe eher Ihren jeweiligen Gemütszustand ausgleichen?

Was Sie mit den Farben, die Sie tragen, ausdrücken wollen (und ob Sie daran etwas ändern möchten ...), könnte ein interessantes Gedankenexperiment sein.

Ich bewerte (Punkte von 0-12)		
Meine erste Beschäftigung mit dieser Übung mit:	Meinen Fortschritt bei der zweiten Beschäftigung:	Meinen Fortschritt bei der dritten Beschäftigung:

Wir alle wissen, die meisten Kinder lieben es bunt. Das "Alter" aber sollte möglichst unauffällig auftreten, so zumindest war es in früheren Zeiten. Vielleicht erinnern sich die etwas Älteren unter Ihnen, wie sich alte Damen vor 40, 50 Jahren kleideten. Ich habe untrüglich die Farbe Beige vor Augen. Das sich langsam ändernde Bild vom Alter, das auch stark durch die in die Jahre gekommenen 68er-Generation mitgeprägt wurde, hat es mit sich gebracht, das heute auch Damen im Alter von 60+ bunt tragen dürfen.

"Wenn du als Frau alt bist, wirst du nicht mehr gesehen", das galt lange Zeit als Wahrheit, ist vielleicht heute noch in so manchen Köpfen verankert. Es verwundert, auf die Vergangenheit bezogen, nicht wirklich: Ein unscheinbares Beige bemerkt man kaum. Eine flotte Siebzigjährige in rotem Kleid wird heutzutage dagegen wesentlich schwerer zu "übersehen" sein.

☐ "DASSELBE WIE IMMER, BITTE!"

Kommt Ihnen der Satz bekannt vor? Er hört sich nach einer Bestellung in einem Restaurant an. Sie meinen, das gibt es nicht? Leider gibt es das doch. Es gibt tatsächlich Menschen, die in ihrem Lieblingsrestaurant immer das gleiche Gericht bestellen. Manche bestellen sogar in jedem Restaurant das gleiche. Gerade was Essen anbelangt, sind ausschließlich gewordene Vorlieben überall zu beobachten. Das gewohnte Essen ist für die meisten Menschen so wichtig, dass sich – der Migration der Menschen folgend – ganze Nahrungsmittelströme über die Welt ziehen: Das Müsli folgt Deutschen nach Afrika, das Pesto den Italienern in die Karibik, die Kochbananen den Südamerikanern nach Spanien, der Brie den Franzosen nach Asien, der Yams den Afrikanern nach Frankreich. Der saudische König wollte in 2017, zum G20-Gipfel in Hamburg, sogar seine eigenen Kamele im Flugzeug einfliegen, um jeden Tag seine geliebte Kamelmilch zur Verfügung zu haben.

Vielleicht werden Sie sagen: "Was ist daran schlimm? Das ist doch normal, dass einem das eigene Essen am besten schmeckt." Nun, was diesbezüglich normal ist, wird eine Frage der Definition bleiben. Verständlich ist es in jedem Fall. Es geht hier auch nicht darum, dass man keine Vorlieben haben sollte. Es geht darum, was man sich dadurch vorenthält, wenn man diese Vorlieben zu *ausschließlichen* Gewohnheiten werden lässt.

Jeder weiß: Einseitige Vorlieben können der Gesundheit schaden. Wer mit Vorliebe Fleisch isst, nie zu Gemüse greift und Obst nicht leiden kann, tut sich keinen großen Gefallen. Doch das soll hier nicht das Thema sein. Es gibt genügend Bücher auf dem Markt, die diese Problematik behandeln. Hier geht es in erster Linie darum, sensibel dafür zu werden, dass man überhaupt eingefahrene Gewohnheiten in puncto Essen hat, und die Lust zu wecken, ab und zu mit diesen Gewohnheiten zu brechen – und sei es nur im Urlaub oder dann, wenn man mit anderen zusammen ist.

Eingangs gab es Beispiele dazu, wie man als Gast auf vorgefertigte Lebensmuster seiner Gastgeber treffen kann. Es gibt jedoch auch den umgekehrten Fall: Besucher, die dem Gastgeber ihre Lebensmuster aufzwingen. So kommt es vor, dass Gäste zu einem mehrtägigen Besuch bei ihren Freunden ihre eigenen Lebensmittel mitbringen, um dann zum Beispiel jeden Morgen das Frühstück, das sie gewohnt sind, separat für sich zuzubereiten. Das zeigt im Grunde noch deutlicher auf, wie verwurzelt Gewohnheiten sein können, denn dazu muss der Gast *seine* Lebensmittel mitbringen, sie *getrennt* vom Gastgeber zubereiten und auch noch *getrennt* vom Gastgeber (oder an ihm vorbei) verspeisen.

Die Frage stellt sich hier (von gesundheitlichen Gründen abgesehen), warum Menschen das machen? Selbst wenn man von einer bestimmten Ernährungsweise absolut überzeugt ist, kann es wirklich schlimm sein, sie einmal zu durchbrechen? Wird es nachhaltige Schäden hervorrufen? Wohl kaum. Wenn im eingangs erwähnten Fall des gemeinsamen Kochens der

Gastgeber die Hilfsbereitschaft seines Freundes brüskiert, stößt der Besucher hier in diesem Fall seinen Gastgeber vor den Kopf. Selbst wenn Letzterer es auf nonchalante Weise hinnimmt, raubt es doch dem gemeinsamen Erleben etwas. Gastgebern, die gern ein gutes Mahl zusammen mit Freunden genießen, machen solche Besucher nicht wirklich Freude.

Es gibt dazu eine wunderbare Geschichte aus der Sufi-Tradition. Ein Meister und seine Schüler waren unterwegs zur Stadt. Sie kamen zu einem Bauernhaus, wo sie mit großer Freude empfangen wurden und ein Essen für sie vorbereitet war. Der Meister und die Schüler hatten aber das Fastengelöbnis genommen. So wollten die Schüler sich nicht zu Tisch setzen, doch der Meister setzte sich und aß, als ob nichts wäre. Als sie die Bauernfamilie verlassen hatten, bedrängten die Schüler ihren Meister. "Wie konntet Ihr das Fastengelöbnis brechen?", hielten sie ihm vor. Doch der Meister erwiderte lächelnd: "Ich zog es vor, das Gelöbnis zu brechen als das Herz unserer Gastgeber, die mit so viel Liebe ein Essen für uns bereitet hatten."

In Hinsicht Essen gibt es somit im Prinzip mindestens zwei Ausrichtungen von "Gewohnheit": Man gerät bei sich zu Hause auf eingefahrene Gleise oder man bleibt außer Haus stets beim Altbekannten.

MEIN SPEISEZETTEL

Um der ersten Gewohnheit auf die Spur zu kommen, genügt es im Prinzip, sich bewusst zu machen, wie der übliche Speisezettel zu Hause aussieht. Damit meine ich nicht die Analyse der Essgewohnheiten aus der Sicht von Ernährungsberatern, sondern ganz schlicht das Betrachten von "Gewohnheiten". Als ich mir meine Essgewohnheiten auf diese Weise ansah, fiel mir auf, dass Nudeln darin einen festen Platz erobert hatten. Dies war hauptsächlich meinen italienischen Wurzeln zuzuschreiben. Hinzu kam, dass die Zubereitung von Nudeln schnell geht, was mir als Berufstätiger sehr entgegenkommt. Diese beiden Gründe hatten die Nudeln nahezu mit Ausschließlichkeitsprädikat auf Platz 1 befördert. Gibt es auch bei Ihnen solche dominant gewordenen Nahrungsmittel, die Sie anderes komplett vergessen lassen?

Ausgesprochen interessant ist es auch, beim Einkauf seine Wege im Supermarkt zu beobachten: Geht man immer den gleichen Weg, an bestimmten Auslagen vorbei, zu den Regalen, bei denen man zu den immer gleichen Dingen greift, ohne auf das zu achten, was rechts und links davon liegt? Falls dies auf Sie zutrifft: Probieren Sie einmal ganz bewusst, es anders zu machen – oder besser noch, das genaue Gegenteil davon zu tun. Probieren Sie, das einzukaufen, was Sie sonst nie kaufen würden, und schauen Sie, was es Ihnen an Entdeckungen bietet.

ICH BEWERTE (PUNKTE VON 0-12)		
MEINE ERSTE BESCHÄFTIGUNG MIT DIESER ÜBUNG MIT:	MEINEN FORTSCHRITT BEI DER ZWEITEN BESCHÄFTIGUNG:	MEINEN FORTSCHRITT BEI DER DRITTEN BESCHÄFTIGUNG:

Bitte verstehen Sie diesen letzten Teil der Übung nicht als einen Aufruf zu stärker "konsumorientiertem" Verhalten, also etwa dazu, im Supermarkt immer auch "rechts und links" zu blicken, was es sonst noch gäbe, um ständig Neues zu erwerben. Da ich Supermärkten mit unüberschaubarem Angebot kritisch gegenüberstehe, ist es mir wichtig, dies hier zu betonen. Die Übung ist nur dazu gedacht, Gewohnheiten zu überprüfen.

"Dasselbe wie immer, bitte!" lässt nicht nur auf Gewohnheiten schließen. Es ist auch ein Zeichen von Sicherheitsstreben. Abgesehen von den erwähnten Besuchen, heißt außer Haus essen vor allem, im Restaurant zu essen. Etwas Unbekanntes zu bestellen trägt immer ein Risiko in sich: Es könnte sein, dass es nicht schmeckt. Man hätte dann nicht nur ein unerfreuliches Erlebnis gehabt, sondern obendrein noch Geld verschwendet. Zugegeben, es ist im Grunde ein sehr kleines Risiko, doch es gibt genug Menschen, die auch dieses kleine Risiko scheuen.

DIESMAL NICHT DASSELBE

Vielleicht gehören Sie zu den Menschen, die gern neue Gerichte ausprobieren, dann lesen Sie über diesen Abschnitt hinweg. Andernfalls lade ich Sie ein, das nächste Mal in Ihrem Lieblingsrestaurant etwas zu bestellen, das Sie noch nie gegessen haben, oder etwas, von dem Sie meinen, dass es nicht gut schmecken kann. Probieren Sie es. Vielleicht werden Sie angenehm überrascht sein.

Eine andere Möglichkeit: Sie essen gern Pizza, bleiben aber bei jeder Bestellung an Ihrer Lieblingspizza hängen. Nehmen

Sie sich vor, alle Pizzen wenigstens einmal durchzuprobieren. Vielleicht gibt es danach vier Lieblingspizzen statt nur einer.

Ich bewerte (Punkte von 0-12)

Meine erste Beschäftigung mit dieser Übung mit:	Meinen Fortschritt bei der zweiten Beschäftigung:	Meinen Fortschritt bei der dritten Beschäftigung:

Essen hat auch viel mit anderen Kulturen zu tun. Die Küche fremder Kulturen testet in ganz besonderer Weise unsere Bereitschaft, uns Unbekanntem und Fremdem zu öffnen.

Ich kenne eine sehr kultivierte Dame, die mit Begeisterung neue Restaurants und fremde Küchen ausprobiert. Stets versucht sie, Familienangehörige ebenfalls dazu zu bewegen, was ihr kaum jemals gelingt. Da ist keine Neugier auf kulinarische Kreationen, keine Lust, etwas Neues auszuprobieren, kein Interesse daran, sich anderen Kulturen zu öffnen. Sie findet das schade und greift somit zu einem Trick: Sie lädt jedes Mal zu ihrem Geburtstag ihre Geschwister in ein Restaurant mit fremder Küche ein. Da es schlecht möglich ist, diese Einladung abzuschlagen, müssen ihre Geschwister zwangsweise etwas Neues ausprobieren. Und siehe da, sie genießen es meistens sogar.

Hierbei kann man sich fragen, warum jemand, der es letztendlich genießt, neue Speisen zu entdecken, dies nicht von sich aus tut. Ich vermute, dass Psychologen eine Menge dazu zu sagen hätten. Trägheit, Fixiertheit, Voreingenommenheit, Misstrauen – vermutlich würden eine Reihe ähnlicher Attribute auftauchen. Doch es gehört nicht zu den Zielsetzungen dieses Buches, in derartige psychologische Hintergründe einzusteigen. Hier soll es genügen, die Gewohnheit an sich aufzudecken und einen Impuls zu erhalten, sie vielleicht in Frage zu stellen.

HEUTE MAL AFRIKANISCH?

Was könnte für Sie ein Impuls sein, Fremdes zu entdecken? Vielleicht waren Sie schon immer neugierig darauf, wie "afrikanische Küche" schmeckt, konnten sich aber nie dazu entschließen, es einmal zu versuchen. Dann tun Sie es jetzt! Oder es hat sich bei Ihnen der Gedanke festgesetzt, dass "türkisch essen" mit Döner gleichzusetzen ist. Dann besuchen Sie einmal ganz bewusst ein türkisches Restaurant und lassen Sie sich überraschen.

Sie reisen demnächst nach Thailand, Griechenland oder Russland und können die Speisekarte nicht lesen? Dann betrachten Sie es doch als spannendes Spiel: Bestellen Sie etwas aufs Geratewohl, ohne zu wissen, was Sie serviert bekommen werden.

ICH BEWERTE (PUNKTE VON 0-12)		
MEINE ERSTE BESCHÄFTIGUNG MIT DIESER ÜBUNG MIT:	MEINEN FORTSCHRITT BEI DER ZWEITEN BESCHÄFTIGUNG:	MEINEN FORTSCHRITT BEI DER DRITTEN BESCHÄFTIGUNG:

Möglicherweise fragen Sie sich jetzt, was denn so wichtig daran sein kann, ob man nun eine oder drei Pizzen gern isst, ob man afrikanische Küche kennt oder nicht, ob Gewohnheiten beim Essen wirklich so wichtig sind. Darauf gibt es mehrere Antworten. Für jeden, der dazu neigt, sich auf eingefahrene Gleise zu begeben, ist es schlicht einer der *Bausteine* für eine flexiblere, offenere Lebensweise: Indem man sich auf etwas Neues einlässt, und sei es auch nur ein neues Gericht, ist es so, als eroberte man damit ein kleines Stückchen mehr an Leben. Nicht zu vergessen, dass es das Hauptziel dieses Buches ist, zu mehr Öffnung zu gelangen, mehr Neugier und mehr Risikobereitschaft zu entwickeln – in *allem*, was wir tun.

Es gibt Gewohnheiten, die weder einer bewussten Entscheidung entspringen noch einer Notwendigkeit, die uns aber vieles vorenthalten. Was uns dies in puncto Ernährung vorenthält, kann man pragmatisch erklären, jeder Ernährungsberater hätte dazu eine Menge zu sagen. Aber man kann es auch geistig oder spirituell erklären. Genauso, wie unterschiedliche Farben etwas mit uns "machen", ist es auch ein Unterschied, ob wir Nudeln, Kartoffeln oder Reis zu uns nehmen. Jedes dieser Lebensmittel hat eine eigene Art von "Energie" an sich. Wer sich für derartige Gedanken interessiert, kann ein interessantes, kleines Experiment machen: Legen Sie drei Lebensmittel, die Sie häufiger zu sich nehmen, nebeneinander vor sich auf den Tisch und betrachten Sie diese eine Weile ruhig, sozusagen im meditativen Modus. Was "senden" Ihnen diese Lebensmittel für Empfindungen, Eindrücke, Gefühle? Das ist es, was Sie – über den "Nährwert" hinaus – zu sich nehmen, wenn Sie diese Lebensmittel verzehren. Oder es ist das, was Ihnen fehlt, wenn Sie diese auslassen.

☐ DORT IST ES DOCH AM SCHÖNSTEN ...

Fahren Sie seit 20 Jahren im Urlaub an die Nordsee? Oder zum selben Campingplatz in Südfrankreich? Oder zum gleichen Ferienhaus auf Sardinien?

Für viele ist ein solcher Gedanke schon an sich unvorstellbar. Ich würde jedoch dieses Beispiel nicht bringen, wenn ich nicht sicher wüsste, dass solche Urlaubsgewohnheiten in Wirklichkeit gar nicht so selten sind. Mallorca scheint in unserer Gesellschaft zum Beispiel zu einer Art Schlüsselbegriff für ein dauerhaft auserkorenes Urlaubsziel geworden zu sein.

Personen, die immer an denselben Urlaubsort fahren, bringen als Grund dafür vor, dass es ihnen dort "am besten gefällt", gefolgt vom Argument: Da wissen wir schon, wie alles abläuft. Man kennt die Leute dort, man weiß, wie das Hotel ist, wie das Essen schmeckt, dass die Zimmer in Ordnung sind und die Preise sowieso. Böse Überraschungen sind da kaum mehr möglich. Gute aber auch nicht.

Vielleicht ist dieses Kapitel "Urlaub" eher eines, das etwas ältere Menschen betrifft. Andere Gewohnheiten wiederholen sich nahezu täglich, betreffen also auch junge Menschen. Wenn man zwanzig Mal dasselbe Lokal aufgesucht hat, bedeutet dies nicht, dass zwanzig Jahre vergangen sind. Es kann sich dies in wenigen Monaten oder sogar Wochen ab-spielen. Da man dagegen im Schnitt nur ein- oder zweimal im Jahr in Urlaub fährt, bedeutet zwanzigmal derselbe Ort, dass bis zu 20 Jahre vergangen sein können.

Da es in diesem Buch um das Jungbleiben geht, sind Ver-haltensweisen, die sich auf das Alter beziehen oder die sich im Alter einschleichen, besonders wichtig. Auf Alt und Jung bezogen ergibt sich, in Bezug auf den Urlaub, eine ge-wisse paradoxe Situation. Es ist bekannt, dass das Leben junger Menschen meistens wesentlich "bewegter" ist und sich vielfältiger abspielt als das älterer Menschen. Besonders deutlich wird es mit steigendem Alter dann, wenn der Le-benskreis um einen Menschen immer kleiner und enger wird. Eigentlich wäre es gerade dann wichtig, wenigstens im Urlaub Neues zu sehen und zu erleben sowie neue Menschen kennenzulernen. Die Realität sieht jedoch anders aus, wenn gerade ältere Menschen es vorziehen, immer an denselben Ort zu fahren. Dabei zeigt sich hier der Aspekt Sicherheits-streben sehr deutlich, denn oft fühlen sich ältere Menschen "sicherer", wenn sie alles bereits kennen. Sicherheit aber, man kann es nicht oft genug betonen, ist ein Kreativitäts-killer.

Sizilien statt Tirol

Falls Sie zu jenen gehören, die jedes Jahr an denselben Ort fahren, geben Sie sich einen Ruck: Versuchen Sie wenigstens einmal, woanders Urlaub zu machen. Am besten wäre es, wenn Sie es wagten, sich genau das gegensätzliche Am-biente auszusuchen. Sie fahren immer in die Berge? Dann machen Sie Urlaub am Meer. Sie lieben nur das Landleben? Dann wagen Sie einen Urlaub in Berlin, London oder Paris.

ICH BEWERTE (PUNKTE VON 0-12)		
MEINE ERSTE BESCHÄFTIGUNG MIT DIESER ÜBUNG MIT:	MEINEN FORTSCHRITT BEI DER ZWEITEN BESCHÄFTIGUNG:	MEINEN FORTSCHRITT BEI DER DRITTEN BESCHÄFTIGUNG:

Zum Abschluss dieses Kapitels möchte ich gern eine Frau zitieren, über die ich in meinem Buch *Leben wagen bis ins hohe Alter* geschrieben habe und deren Worte so wunderbar hierher passen, weil sie zeigen, wie dynamisch und jung das Alter aussehen kann. Es geht um die damals 74-jährige Berliner Unternehmerin und Ralley-Fahrerin Heidi Hetzer. Vielleicht ist sie einigen von Ihnen ein Begriff: Sie brach 2014, im Alter von 77 Jahren, zu einer Weltreise im Oldtimer auf, die sie trotz diverser Widrigkeiten eisern – und mit viel Begeisterung – durchgehalten hat. "Ich habe keine Lieblingslokale oder Lieblingsplätze", sagte sie über ihr Leben in Berlin. "Es gibt hier so viel Schönes und Interessantes und vor allem ständig Neues – das möchte ich erleben. Ich bin ein sehr offener und neugieriger Mensch, der sich für alles interessiert. Deshalb kenne ich auch viele unterschiedliche Menschen, treffe überall alte Bekannte." Ihren siebzigsten Geburtstag hatte sie *last minute* geplant, "irgendwo am Strand oder im Erdbeerfeld", wie es in der Presse dazu hieß. Keine Routine, keine minutiöse Planung, nichts, was so sein muss wie gehabt. Wenn Sie es als 70-Jährige schaffen, so zu leben, brauchen Sie auch die 90 nicht zu fürchten.

☐ Wie jung bin ich geblieben?

So lautete eine der Überschriften, mit der ich eine Übung in meinem zuletzt erschienenen Buch *Vom Vergnügen, älter zu werden* einleitete. Es ging dabei darum herauszufinden, ob man den eigenen Interessens- und Lebenskreis mit zunehmendem Alter eingeschränkt hat, ohne sich dessen bewusst zu sein. Neben den Essgewohnheiten, die wir bereits behandelt haben, ging es dabei um weitere Lebensbereiche, die ich Ihnen gern als Zusatz anbieten möchte. Die Übung soll Ihnen einen kleinen Einblick geben, ob und inwieweit Sie weitere Bereiche aus Ihrem Leben ausgeschlossen haben.

Hat **ANDERES** noch Zugang zu meinem Leben?

Sie sind Liebhaber klassischer Musik oder von Rock, Jazz, Metal? (Ersetzen Sie es gegebenenfalls durch *Ihre* bevorzugte Musik.)
Gibt es bei Ihnen im Regal auch von anderen Musikrichtungen wenigstens die eine oder andere CD? Und hören Sie diese auch ab und zu?

Falls Sie gern lesen: Wenn Sie auf Ihr Bücherregal schauen, welche Gattung von Literatur/Büchern taucht da überhaupt nicht oder kaum auf? Krimis? Romane? Gedichte? Politische Literatur? Ratgeber? Spirituelle Bücher?

Könnten Sie sich vorstellen, ein Buch zu kaufen, das Ihren "üblichen" Interessen komplett entgegensteht? Was könnte Sie dazu veranlassen, es zu tun?

Sie sind stolz auf Ihren Freundes- und Bekanntenkreis? Betrachten Sie sich im Geiste den »Typus« Ihrer Freunde, vor allem aber Ihres Bekanntenkreises (der vermutlich größer ist als der Freundeskreis): Sind es überwiegend Menschen, die haargenau zu Ihnen passen? Sportkollegen, Umweltschützer, Tierfreunde, Kulturbegeisterte, Politfreunde? Könnten Sie sich vorstellen, auch *Andersdenkende* in Ihren Bekanntenkreis aufzunehmen?

Besehen Sie sich Ihre Antworten, und überlegen Sie, ob es vielleicht gut für Sie wäre, sich dem einen oder anderen in Ihrem Leben zu öffnen. Notieren Sie sich die Vorschläge, die Sie für sich selbst haben.

ICH BEWERTE (PUNKTE VON 0-12)		
MEINE ERSTE BESCHÄFTIGUNG MIT DIESER ÜBUNG MIT:	MEINEN FORTSCHRITT BEI DER ZWEITEN BESCHÄFTIGUNG:	MEINEN FORTSCHRITT BEI DER DRITTEN BESCHÄFTIGUNG:

Es geht bei dieser Übung nicht darum, sich von nun an für alles gleichermaßen zu interessieren! Es geht nur darum zu spüren, wie es ist, wenn man das "andere" überhaupt (oder wenigstens einmal) in sein Leben lässt. Sie werden dabei vielleicht entdecken, dass Sie dies auch anderen Menschen näherbringt: jenen, die Sie – zusammen mit dem, was Sie in Ihrem Leben ausschlossen – bis dahin ausgegrenzt hatten.

Wenn Sie es ausprobieren, werden Sie merken, wie Sie sich dadurch ein kleines Stück mehr vom Leben erschließen. Wenn der neu in Ihrem Leben zugelassene Bereich sehr weit von Ihren Präferenzen entfernt ist (oder sogar komplett konträr dazu ist), werden Sie das Gefühl haben, eine gänzlich neue, unbekannte Welt betreten zu haben.

Dazu möchte ich Ihnen eine kleine Begebenheit erzählen. Nachdem ich diese Übung in meinem letzten Buch gebracht hatte und selbst weiter darüber nachsann, welche Literatur ich eventuell aus meinem Leben ausschließe, fiel mir auf, dass in meinen Regalen politische Literatur fehlt. Dabei fiel mir aus irgendwelchen Gründen "Das Kapital" von Karl Marx ein. Aus konservativer Familie und im CSU-regierten Bayern aufgewachsen, kam dieses Buch für mich als junger Mensch einem Satanswerk gleich. Ich beschloss, es mir nun, Jahrzehnte später, zu kaufen, um zu sehen, was wirklich darin steht. Ich war sehr überrascht festzustellen, dass dieses Buch offenbar hauptsächlich geschrieben worden war, um unsagbar schlimme gesellschaftliche Verhältnisse jener Zeit anzuprangern. Was mir damals darüber vermittelt worden war, klang aber ganz anders. Da die von Karl Marx vertretene politische Ökonomie dem Kommunismus zugeordnet wurde und Kommunismus per se als schlecht und schädlich angesehen wurde, hatte man die zugrundeliegende humane Motivation schlichtweg ausgeblendet.

Dass ich dieses Buch nun im Regal stehen habe, bedeutet nicht, dass ich ein Anhänger von Marx geworden bin. Es hat schlicht ein Fenster in meinem Denken und in der Reflexion meiner Erfahrungen geöffnet. Das ist der Sinn solcher Übungen.

☐ DAS KAPITEL FÜR FORTGESCHRITTENE: KÖNNEN AUCH "GUTE" GEWOHNHEITEN ZUR ROUTINE WERDEN?

In der Einführung hob ich hervor, dass es wichtig ist, einge-fahrene Gewohnheiten von Verhaltensweisen zu unterscheiden, die Sie *bewusst* regelmäßig wiederholen. Als Beispiel hatte ich Sport und Meditieren genannt. Nun möchte ich Sie ein wenig herausfordern mit der Frage, ob nicht auch solche "positiven Regelmäßigkeiten", die man im Prinzip nicht mehr als Ge-wohnheiten bezeichnen dürfte, zur Routine werden können. Woran würden Sie den Moment festmachen, da Sport, Me-ditieren oder auch der tägliche Anruf bei der betagten Mutter zur Routine werden? Und was zeigt uns das?

NOCH BEWUSSTE ENTSCHEIDUNG ODER SCHON ROUTINE?

Suchen Sie sich einen Bereich aus, der auf Sie zutrifft, etwas, das Sie ganz bewusst regelmäßig tun, und lassen Sie die letzten zehn oder zwanzig Male, da Sie diese Handlung ausgeführt haben, an Ihrem Geist vorüberziehen.

Hat es sich jedes Mal gleich angefühlt? Wenn nicht: Was war der Unterschied? Wie hat es sich angefühlt, wenn es "anders" war als sonst?

ICH BEWERTE (PUNKTE VON 0-12)		
MEINE ERSTE BESCHÄFTIGUNG MIT DIESER ÜBUNG MIT:	MEINEN FORTSCHRITT BEI DER ZWEITEN BESCHÄFTIGUNG:	MEINEN FORTSCHRITT BEI DER DRITTEN BESCHÄFTIGUNG:

Wenn Sie ein sportlicher Typ sind, könnten Sie bei diesem Check gemerkt haben, dass Sie das eine oder andere Mal keine Lust hatten, wie üblich ins Fitnesscenter oder auf den Tennisplatz zu gehen. Oder Sie haben die Meditation in Ihr Leben integriert, spürten aber beim Zurückgehen in die vergangenen Male, dass Sie sich manchmal doch nur "hinsetzen", im Innern aber nicht wirklich dabei sind. Und wie ist es mit dem täglichen Begrüßungskuss beim Nachhausekommen: Haben Sie ihn jedes Mal wirklich im Innern gespürt oder war es bisweilen nur eine mechanische Geste? Vielleicht haben Sie auch an die letzten zehn Male gedacht, da Sie Ihre 90-jährige, allein lebende Mutter angerufen haben – Anrufe, die Sie tätigen, weil Sie Ihre Mutter lieben und ihr eine Freude machen wollen. Wie fühlte sich das Gespräch jene beiden Male an, da Sie diese schöne Geste aus bestimmten Gründen als Zwang empfanden?

Die Erkenntnis schält sich heraus: Immer dann, wenn Sie keine Freude daran hatten oder nicht wirklich "achtsam" waren, war das Ergebnis entweder eine schlechtere Leistung (beim Sport), ein weniger intensives Erleben (beim Meditieren) oder eine Geste, die nicht von Herzen kam (der Kuss oder der Telefonanruf). Auch bewusst regelmäßiges Tun kann somit einen Anstrich von Routine bekommen, in dem Moment, da Achtsamkeit oder Freude abhandengekommen sind.

Wenn dies nur ab und zu passiert, ist es nicht so wichtig. Bedeutung nimmt es dagegen an, wenn wir uns des Öfteren zu nützlichen und guten Verhaltensweisen zwingen, weil es gesund ist, weil man eine gute Tochter sein will, weil es sich so gehört oder weil es erwartet wird. Auch bei "guten" Gewohnheiten darf man somit ruhig ab und zu darauf achten, ob man wirklich im Innern dabei ist. Die Geschichte vom Sufi-Meister und dem gebrochenen Fastengelöbnis würde auch hier gut passen.

LASTEN ABWERFEN

☐ SICH VON VERGANGENEM BEFREIEN

Sich von eingefahrenen Gewohnheiten zu befreien ist eine Möglichkeit, um sich von Vergangenem zu lösen und Platz für Neues zu schaffen. Es gibt jedoch Dinge, die uns durch ihr schlichtes Dasein an Vergangenem festhalten. Ich meine damit nicht das, was jeder kennt, wie die Fotos der verblichenen Liebe, ich meine Dinge, denen Sie es nicht auf den ersten Blick ansehen: Einrichtungs- oder Ziergegenstände, mit denen Sie sich umgeben.

Bei den meisten Menschen, die ich kenne, stehen dieselben Ziergegenstände und Erinnerungsstücke, meist am selben Ort, viele Jahre lang in ihrer Wohnung oder in ihrem Haus, bei manchen ihr Leben lang. Sind diese Dinge wirklich immer auch *Teil unseres Lebens*? Lebt man mit ihnen oder stehen sie einfach da, weil sie schon immer dagestanden haben? Sie kennen die Antwort schon: Sehr oft stehen die

Dinge nur da und haben keine wirkliche Bedeutung mehr für uns.

Mit Bedeutung ist hier nicht gemeint, dass sie im objektiven Sinn wichtig sein müssen, es ist vielmehr damit gemeint, dass sie *uns* etwas bedeuten sollen, dass man sie liebt und wertschätzt – dass man sie wahrnimmt.

Dinge, die Sie lieben und wertschätzen, die Sie somit wahrnehmen, verbreiten eine positive Energie. Sie schenken Ihnen Kraft und Freude. Wenn Gegenstände dagegen einfach nur dastehen, ohne dass wir ein positives Gefühl mit ihnen verbinden, sind sie so etwas wie tote Materie. Dinge, deren Zeit "vorüber" ist, halten Sie an etwas fest, das auch für Sie vorüber ist. So unbedeutend kleine Ziergegenstände auf den ersten Blick erscheinen mögen, haben sie in ihrer Gesamtheit doch einen erheblichen Einfluss. Wenn dieselben Dinge in einem Haus für immer und ewig, auch noch am selben Platz stehend, ihr Dasein fristen, ohne dass man sie tatsächlich wahrnimmt und würdigt, ist es so, als stagnierte das Leben. In Wohnungen alter Menschen kann man das immer dann wahrnehmen, wenn man sich so fühlt, als sei man in ein anderes Zeitalter versetzt. Nichts gegen Erinnerungen und nichts gegen Beständigkeit, aber in einem Umfeld, das einem Museum gleicht, kann Leben schwer ins Fließen kommen.

Eine Bibliothek zu haben, die ganze Wände füllt, ist in unserer Gesellschaft ein Statussymbol. Es steht für Wissen, Bildung und Wohlstand. Das ist die eine Seite. Die andere Seite aber ist eine Frage wert: Wie viel davon *lebt*?
In meiner Eigenschaft als Autorin verblüffe ich, wenn ich sage, dass meine Bibliothek viel kleiner ist, als man annehmen

möchte, weil ich keine "Leichen" in meinen Bücherregalen haben möchte. Als Leichen bezeichne ich all jene Bücher, die lediglich das Regal füllen, für uns aber keine Funktion mehr haben.

Bevor Sie als bibliophiler Mensch mich nun für diese Worte kreuzigen, halten Sie einen Augenblick inne. Ich sage dies nicht, weil ich dazu aufrufen würde, Bücher wegzuwerfen – wie könnte ich als Autorin so etwas auch nur denken! Ich sage es gerade deshalb, um Büchern zu ihrem *wahren* Wert zu verhelfen. Um als Buch zu sprechen: Kein Buch findet es toll, unbeachtet und vergessen im Regal zu stehen. Dessen Autor übrigens auch nicht.

Manche Bücher, die im Regal stehen, hat man nicht einmal gelesen (und wird dies vielleicht auch nie tun), durch andere hat man sich vielleicht hindurchgequält, würde sie aber kein zweites Mal aufschlagen. Die beste Kategorie sind jene Bücher, deren Inhalt man so gut fand, dass man sich vorstellen kann, sie sich ein zweites oder gar drittes Mal zu Gemüte zu führen. Das sind die Exemplare, die auf alle Fälle in der Bibliothek verbleiben sollten. Bei Ersteren sollten Sie sich entscheiden, ob Sie diese endlich lesen wollen oder nicht. Falls nicht, könnten Sie diese nämlich weggeben, genauso wie jene, von denen Sie wissen, dass Sie sie niemals mehr aufklappen werden. Es gibt so viele Menschen und Organisationen, die sich über Buchspenden freuen würden – verständlicherweise nicht, nachdem Sie die Bücher bereits 20 Jahre im Regal stehen hatten. Die Umverteilung sollte zyklisch und zeitnah erfolgen.

Wenn Sie es absolut nicht über sich bringen, Bücher wegzugeben oder Sie Buchbestände im Regal stehen haben, die

Ihnen ohnehin niemand mehr abnehmen würde, dann nehmen Sie wenigstens ab und zu eines dieser Bücher in die Hand. Freuen Sie sich, dass Sie es besitzen, wertschätzen Sie es für das, was es Ihnen einmal gegeben hat, oder reisen Sie beim Blättern durch die Seiten zurück in die Vergangenheit, als Sie es erwarben oder geschenkt erhielten.

ENERGETISCHER HAUSPUTZ

Es ist ein sehr interessantes und wirkungsvolles Erleben, durch die Wohnung oder das Haus zu gehen, sich bewusst die Dinge anzusehen, die Sie zur Zierde oder als Erinnerung aufgestellt haben, und sich zu fragen, was Sie *derzeit* (noch) mit diesen Gegenständen verbindet.

Der Unterschied ist einfach festzustellen. Wenn Ihnen ein Gegenstand wirklich etwas bedeutet, spüren Sie dies, wenn Sie ihn ansehen oder in die Hand nehmen. Er spricht sozusagen zu Ihnen. Wenn er seine Bedeutung für Sie verloren hat und er nur noch Zierde ist, wirkt er leblos und erweckt rein gar nichts in Ihnen. Dann ist seine Zeit vielleicht vorüber und Sie sollten ihn weggeben oder wegpacken, wenn Sie meinen, dass er seine Bedeutung später wieder erlangen könnte.

Wenn Sie nichts weggeben oder wegpacken möchten, obwohl Sie sich nicht ganz sicher sind, wie viel Sie wirklich noch mit den betreffenden Gegenständen verbindet, dann suchen Sie wenigstens einen neuen Platz für sie. Sie werden feststellen: Selbst das "bewirkt" etwas ...

ICH BEWERTE (PUNKTE VON 0-12)		
MEINE ERSTE BESCHÄFTIGUNG MIT DIESER ÜBUNG MIT:	MEINEN FORTSCHRITT BEI DER ZWEITEN BESCHÄFTIGUNG:	MEINEN FORTSCHRITT BEI DER DRITTEN BESCHÄFTIGUNG:

Ich möchte an dieser Stelle betonen, dass es nicht darum geht, "alte Sachen zu entsorgen". Es erscheint mir wichtig, das zu unterstreichen, da es derzeit gesellschaftliche Strömungen unter jüngeren Generationen gibt, die sich einem sogenannten "Minimalistentum" verschrieben haben. Das Entsorgen von "unnötigen Dingen" ist bei dieser Einstellung und Lebensweise ein zentrales Charakteristikum.

Das wesentliche Element, um das es aber hier in diesem Buch geht, ist nicht wahlloses Wegwerfen. Im Gegenteil, es ist Bewusstwerdung – bewusstes Denken, bewusstes Handeln, bewusster Besitz.

☐ SICH AUS
"TECHNOLOGISCHER SKLAVEREI" BEFREIEN

Technologie ist wunderbar. Ein Leben ohne sie wäre für uns kaum denkbar. Wir sollten sie nutzen, wo immer es nötig ist, doch wir sollten ihrer Herr bleiben. Es ist so wie bei allem, was wir regelmäßig tun: Es ist dann nicht schädlich, wenn wir es bewusst leben, wenn wir uns in unserem Alltag immer wieder neu dafür entscheiden. Genau das, so meine ich, tun wir viel zu oft nicht gegenüber Computer, Handy, iPad, Smartphone. Wir überlassen es ihnen, uns zu verführen und dadurch: uns zu bestimmen.

Man braucht nur die Menschen in einem Bus, in der U-Bahn oder im Zugabteil zu zählen, die sich mit ihrem Handy beschäftigen – nein, tun Sie sich das nicht an: Zählen Sie lieber jene, die kein Handy in Händen halten, das geht wesentlich schneller. Natürlich sind auch Menschen, die sich nicht mit dem Smartphone beschäftigen, deswegen nicht automatisch "präsent". Wie ich eingangs schrieb, fällt es uns generell schwer, *nur* an der Ampel zu stehen, *nur* einen Kaffee zu trinken, *nur* im Zug zu sitzen. Aber wenigstens bekommt man dann noch halbwegs etwas mit von der Umwelt, während die Fixierung auf das kleine technologische Wunderwerk in unseren Händen uns ganz weit wegholt. Wir sind nur rein physisch da, in Wirklichkeit aber bewegen wir uns in etwas, das ich als "virtuelle Parallelwelt" bezeichnen würde.

Handy und Smartphone kommen unserer Tendenz entgegen, uns in Situationen vermeintlichen Leerlaufs in unserem Alltag – als solche sehen viele das Fahren in Bus, U-Bahn und Zug an – mit etwas "Sinnvollem" zu beschäftigen. Andere lesen vielleicht Zeitung oder ein Buch. Der Unterschied zur Zeitung und zum Buch liegt aber darin, dass wir diese nicht überall mit uns herumtragen und dass sie darüber hinaus recht brave Begleiter sind. Sie machen nicht durch aufdringliches Piepsen auf sich aufmerksam, wenn wir sie eine Zeit lang nicht beachten, und holen uns auch nicht durch Klingeln von einem Gespräch weg, das wir mit dem Sitznachbarn begonnen haben. Still verharren sie in unserer Tasche oder auf unseren Knien und warten bescheiden darauf, dass wir uns ihnen zuwenden.

Ganz anders ihre elektronischen Zeitgenossen, die sich ständig und überall aufdrängen und einmischen. Sie erzwingen unablässig Aufmerksamkeit, unterbrechen gnadenlos jedes Gespräch, stören das romantischste Rendezvous und machen nicht einmal Halt vor intimsten Orten. Vielleicht haben Sie es auch schon einmal erlebt, dass auf einer öffentlichen Damentoilette das Handy in einer besetzten Toilette klingelt – und gehorsam geantwortet wird. Handy und Smartphone werden zu Eindringlingen in unsere Privatsphäre, und wir lassen es zu.

Die Dominanz von Handy & Co. hat zwei recht paradoxe Auswirkungen in unserem Leben. Wir haben den Eindruck, uns sehr viel mit Menschen zu beschäftigen (denen wir SMS senden, mit denen wir chatten oder deren Leben wir auf Facebook verfolgen), aber wir nehmen den Menschen, der tatsächlich neben uns sitzt, überhaupt nicht mehr wahr. Das zweite Paradox betrifft vor allem Berufstätige, die sich heute mehr denn je beschweren, dass sie überarbeitet sind und dass man zu viel von ihnen verlangt. Dennoch machen sie sich über Handy jederzeit verfügbar, auch dann und dort, wo sie früher korrekterweise nicht erreichbar gewesen wären.

Wenn man sich jederzeit für jeden auf diesem Weg verfügbar macht, gibt man nicht nur ein Stück Selbstbestimmung ab, es macht auch unhöflich und rücksichtslos. Jede, die einmal Seminare oder Workshops angeboten hat, jeder, der bei Meetings Vorträge zu halten hatte, kennt das Szenario: Teilnehmer, die sich mit Laptop oder Handy beschäftigen, statt zuzuhören. Das könnte deren Sache sein, wenn sie die virtuelle Welt als wichtiger einstufen und sich den Vortrag entgehen lassen wollen. Dennoch ist es nicht nur deren Sache, es ist unhöflich und Ausdruck mangelnder Wertschätzung gegenüber dem Vortragenden.

Ich war einmal eingeladen worden, eine Lesung in halbprivatem Kreis zu halten, zu der etwa ein Dutzend Personen gekommen waren. Während ich las, bemerkte ich, dass mehrere Personen sich immer wieder mit ihrem Handy oder Smartphone beschäftigten. Als die Lesung zu Ende war, bedankte ich mich bei den Zuhörern und fügte an, dass ich einen Vorschlag hätte. "Ich schlage vor", so sagte ich, "dass bei einer zukünftigen Lesung ein paar Stühle mehr zurechtgestellt werden." Alle sahen mich verständnislos an. "Nun ja", fuhr ich fort, "es wäre doch nur recht und billig, dass Anwesende auch einen Sitzplatz bekommen." Immer noch verständnislose Blicke, denn niemand hatte stehen müssen. Lächelnd schloss ich: "Da einige Handys und Smartphones permanent und recht aktiv 'anwesend' waren, sollten sie doch auch Anspruch auf einen eigenen Sitzplatz haben." Zu paradoxen Lebenssituationen, und als solche betrachte ich die Abhängigkeit von Handy und Smartphone, passen gelegentlich auch skurrile Lösungen.

Ich teste meine Höflichkeit

Wenn Sie das nächste Mal in einem Seminar sitzen, einer Tagung beiwohnen, ins Theater gehen oder sich einen Vortrag anhören, dann testen Sie sich einmal ganz bewusst selbst. Versuchen Sie, Ihr Tun aus der Warte Ihrer Mitmenschen zu sehen.

Fragen Sie sich, ob Sie bei der Nutzung Ihres Handys/ Smartphones auch daran denken, was dies für die Menschen um Sie herum bedeuten mag:

Mache ich während der Theatervorstellung immer wieder mein Handy oder Smartphone an, um zu sehen, wer mir in der Zeit eine Nachricht geschickt hat? Wie angenehm ist es für die Person, die neben mir sitzt, wenn sie in der Dunkelheit das Display meines Handys neben sich aufleuchten sieht? Beantworte ich E-Mails während eines Vortrages? Wie rücksichtsvoll ist das der Person gegenüber, die vorne steht und die sich tagelang darauf vorbereitet hat, mir das Bestmögliche zu bieten?

Bin ich im Seminar auf Facebook unterwegs? Sind die Fa-
cebook-Beiträge, die ich lese, es wirklich wert, mich aus
dem Thema des Seminars auszuklinken?

Da Handy, Smartphone und iPad unser Leben nahezu komplett in Beschlag genommen haben, empfehle ich Ihnen,
diese Übung öfter zu machen, in verschiedenen Lebenssituationen – vor allem dann, wenn diese auch mit anderen
Menschen zu tun haben.

Ich bewerte (Punkte von 0-12)		
Meine erste Beschäftigung mit dieser Übung mit:	Meinen Fortschritt bei der zweiten Beschäftigung:	Meinen Fortschritt bei der dritten Beschäftigung:

Urlaub von Handy und Smartphone

Gestatten Sie sich ab und zu, Urlaub von Ihrem Handy zu
nehmen. Das kann ein ganzer Tag sein (sehr wirkungsvoll)
oder auch nur ein paar Stunden, während Sie in der Stadt etwas zu erledigen haben oder wenn Sie in ein Konzert gehen.
Natürlich brauchen Sie so etwas nicht zu tun, wenn die Mutter
gerade im Krankenhaus liegt, wenn Sie eine pflegebedürftige
Person zu Hause haben oder Ihre minderjährige Tochter
abends unterwegs ist. Sie müssen Ihr Handy auch nicht zu
Hause lassen, wenn Sie gerade frisch verliebt sind. Aber abgesehen von solchen Ausnahmesituationen sollten Sie sich
den Luxus der Unabhängigkeit ruhig einmal gönnen.

Vielleicht verunsichert Sie das anfangs, so ganz "ohne" unterwegs zu sein, aber wenn Sie ein bisschen tiefer in sich hineinschauen, können Sie auch ein Gefühl von wiedergewonnener Freiheit verspüren.

ICH BEWERTE (PUNKTE VON 0-12)		
MEINE ERSTE BESCHÄFTIGUNG MIT DIESER ÜBUNG MIT:	MEINEN FORTSCHRITT BEI DER ZWEITEN BESCHÄFTIGUNG:	MEINEN FORTSCHRITT BEI DER DRITTEN BESCHÄFTIGUNG:

EINE ANDERE ZUGFAHRT

Eine andere, sehr reizvolle Art, einmal Urlaub von Handy, Smartphone oder Laptop zu nehmen, kann es sein, wenn Sie es sich ab und zu gönnen, bei Reisen nicht den schnellsten Zug zu nehmen und bei der Fahrt weder an Arbeit noch an Internetkontakte zu denken.

Nehmen Sie ganz bewusst einen Bummelzug. Ganz gleich, wo Sie zu Hause sind, wunderschöne Gegenden gibt es überall, ob am Rhein oder an den Alpenhängen entlang, durch den Schwarzwald oder die Weingebiete der Pfalz, mitten durch die brandenburgische Seenplatte oder am Erzgebirge entlang.

Fahren Sie und SCHAUEN Sie! Tauchen Sie ein in das Naturschauspiel, das an Ihren Augen vorüberzieht: das satte Grün der Wiesen, das Farbenspiel des Herbstwaldes, der Hund, der über das Stoppelfeld tollt, das Blau des Himmels, das sich im See spiegelt, die wohlgenährten

Kühe, die friedlich grasen, die taunassen, im Sonnenlicht glitzernden Grashalmspitzen.

Ich versichere Ihnen: Eine solche Zugfahrt fügt Ihrem Leben eine bereichernde Zeitspanne hinzu.

ICH BEWERTE (PUNKTE VON 0-12)		
MEINE ERSTE BESCHÄFTIGUNG MIT DIESER ÜBUNG MIT:	MEINEN FORTSCHRITT BEI DER ZWEITEN BESCHÄFTIGUNG:	MEINEN FORTSCHRITT BEI DER DRITTEN BESCHÄFTIGUNG:

☐ WENN NICHTS NACH PLAN LÄUFT (- KANN DIES EIN SEGEN SEIN)

Kennen Sie die Situation: Sie haben sich dieses oder jenes vorgenommen, aber alles läuft am Ende anders? Sie wollten am Wochenende ins Grüne fahren, aber just am Freitagnachmittag ist das Auto kaputt. Sie hatten vor, mit Ihrer Frau am Abend endlich mal wieder schön essen zu gehen, da kündigt die Schwiegermutter unversehens ihren Besuch an. Sie wollen in einer fremden Stadt, zeitlich sehr knapp, zu einem interessanten Vortrag, steigen dann aber in den falschen Bus ein, der genau in die entgegengesetzte Richtung fährt.

Es gibt tausende solcher Begebenheiten, die unsere Pläne durchkreuzen. Die übliche Reaktion darauf ist, sich zu ärgern. Man hat ein "Verlustgefühl", weil man etwas verpasst hat, und man hat eine Art "Versagensgefühl", weil das Leben, das Schicksal – oder wen auch immer man dafür verantwortlich macht – sich als Herr aufspielt und die Planung nach seinen Vorstellungen umstrickt.

Wie wäre es, wenn wir solche Vorfälle aus einer anderen Sicht betrachteten? Ergab sich nicht das eine oder andere Mal, dadurch, dass etwas "schieflief", eine Situation, die Ihnen durchaus genehm war?

Um bei den obigen Beispielen zu bleiben: Vielleicht regnet es am Samstag und Sie sind froh, nicht im Grünen zu sein. Oder Sie haben auf der verkehrten Strecke zum Vortrag eine wunderschöne Ecke der Ihnen fremden Stadt entdeckt. Und die Schwiegermutter kam vielleicht zu Besuch, um Ihnen zu sagen, dass sie sich endlich durchgerungen hat, Ihnen das Geld zu leihen, das Sie so dringend benötigen. Wenn Sie im Nachhinein bemerken, dass das Nichtgelingen letztlich zum Vorteil war, haben sich die verpatzten Situationen für Sie von selbst ins Positive verkehrt. Es gibt auch Begebenheiten, die so unglaublich frappierend sind, dass man im durchkreuzten Plan nicht nur einen Vorteil sieht, sondern ein wichtiges oder gar lebenswichtiges Ereignis darin erkennt. Denken Sie an die Fälle, da Menschen ein Flugzeug verpassten, das dann abstürzte.

Wenn Sie es schaffen, generell eine andere Sicht auf schiefgegangene Vorhaben zu entwickeln, öffnen sich Ihnen Türen, von denen Sie gar nicht wussten, dass es sie gibt. So schreibt Daniel Goleman, der Autor von *Kreativität entdecken*, in seinem Buch, dass viele Erfindungen nur durch Fehler entstanden seien bzw. durch Vorhaben, die misslangen. Als zum Beispiel der Biologe Alexander Fleming sah, dass die Bakterien, die er angesetzt hatte, eingegangen waren, hat er sein misslungenes Experiment nicht frustriert abgehakt: Er betrachtete das Unglück und dachte nach, was es "sonst noch" bedeuten könnte. So entdeckte er das Penicillin.

Wenn etwas für Sie nicht nach Plan läuft, gibt es somit zwei wichtige Gedanken dazu, die es wert sind, sie sich anzusehen: Müssen Sie wirklich immer nur darauf warten, ob sich aus dem durchkreuzten Plan *im Nachhinein* irgendein Vorteil ergibt – oder könnten Sie die "verpatzte" Situation nicht auch gleich als Gelegenheit erkennen?

Der zweite Gedanke hierzu ist: Könnten Sie manchmal nicht schon *früher* erfassen, dass Ihr Plan nicht günstig ist und vorab umdisponieren?

Der erste Gedanke hat, wenn man ihn umsetzt, zur Folge, dass Sie weder Verlust- noch Versagensgefühle haben. Anstatt sich zu ärgern, dass das Auto am Freitag kaputtgeht und darauf zu warten, ob Sie sich am Samstag darüber freuen können, dass es regnet (wer weiß, ob Ihnen diese Freude vergönnt sein wird), könnten Sie die Situation gleich ins Positive verwandeln. Vielleicht wollten Sie schon lange an einem freien Tag etwas tun, das genauso interessant oder sogar noch wichtiger ist, als ins Grüne zu fahren. Oder Sie erkennen, dass Sie nun einem Freund zusagen können, der sich mit Ihnen treffen wollte, wozu Ihnen die Vorbereitungen für das Picknick im Grünen keine Zeit gelassen hätten.

WIE HANDHABE ICH "VERPATZTE" PLÄNE?

Denken Sie über fünf Situationen nach, die Ihnen in den letzten Wochen oder Monaten widerfahren sind und die Ihre ursprünglichen Pläne durchkreuzt haben. Wie sind Sie damit umgegangen? Haben Sie sich länger darüber geärgert, es schnell verschmerzt oder es gar in einen Vorteil verwandeln können?

Wenn die Erfahrungen jeweils unterschiedlich waren: Was genau hat es Ihnen ermöglicht, die Situation positiv zu sehen? Wie fühlen Sie sich, wenn Sie auf die verschiedenen

Situationen zurückblicken? Was hätten Sie besser machen können?

ICH BEWERTE (PUNKTE VON 0-12)		
MEINE ERSTE BESCHÄFTIGUNG MIT DIESER ÜBUNG MIT:	MEINEN FORTSCHRITT BEI DER ZWEITEN BESCHÄFTIGUNG:	MEINEN FORTSCHRITT BEI DER DRITTEN BESCHÄFTIGUNG:

Der zweite Gedanke zum Thema ist nicht weniger interessant. Oder sagen wir, er kann sogar sehr wichtig werden, denn wenn wir es manchmal *früher* erfassten, dass unser ursprünglicher Plan besser nicht umgesetzt werden sollte, würden wir uns einigen Ärger ersparen. Wie kann man früher erfassen, dass man lieber die Finger von einem bestimmten Vorhaben lassen sollte? Im Grunde nur dadurch, dass man auf seine Intuition hört oder dass man auf bestimmte Zeichen achtet.

Gern erzähle ich hierzu eine kleine Geschichte aus meinem Leben, die sehr gut verdeutlichen kann, was ich hier meine. Vor ein paar Jahren hatte ich in einem Frankfurter Vorort einen beruflichen Termin. Danach wollte ich mit dem Zug nach Hause fahren, das Ticket mit Platzreservierung hatte ich mir bereits besorgt. Obwohl ersichtlich war, dass mein Gesprächspartner gern noch etwas länger mit mir geredet hätte, beendete ich das Gespräch, immer in Gedanken an meinen Zug und die Platzreservierung. An der S-Bahn-Station fuhr der Zug, der mich, zeitlich gesehen, geruhsam zum Hauptbahnhof gebracht hätte, vor meinen Augen ab. Ich geriet innerlich in Hetze. Eigentlich hätte ich in der Post am Hauptbahnhof dringend einen Brief aufgeben müssen, als ich aber dorthin eilte, sah ich eine ganze Schlange von Menschen warten. Ich beschloss, darauf zu verzichten und rannte zum Zug. Ich erwischte ihn. Als ich jedoch zu meinem Platz kam, saß da ein junger Mann. Meine Platzkarte zeigend, bat ich ihn aufzustehen, was er auch widerspruchslos tat. Nun, eine halbe Stunde später fiel mir aus der Gepäckablage sein Computerkoffer auf den Kopf und bescherte mir eine Gehirnerschütterung mit wenig erfreulichen Folgen. Ich hatte alle Zeichen missachtet, die mich davor bewahren wollten, an diesem Abend auf diesem Platz in diesem Zug zu sitzen.

HABEN SIE MANCHMAL SCHON GEAHNT, DASS IHR VORHABEN SCHIEFGEHEN WÜRDE?

Haben Sie selbst schon erlebt, dass Sie bestimmte Zeichen missachtet haben oder Sie nicht auf Ihre Intuition hörten, die Sie von etwas abhalten wollte?

Gab es umgekehrt Situationen, in denen Sie darauf geachtet haben und die Ihnen nachweislich etwas Unerfreuliches erspart haben?

Eine Reise zurück in Situationen, die anders gelaufen wären, wenn Sie auf sich gehört oder bestimmte Hinweise beachtet hätten, kann sehr aufschlussreich sein.

Ebenso interessant ist es zu sehen, wie gut es in anderen Fällen war, der eigenen Intuition oder solchen Hinweisen gefolgt zu sein.

ICH BEWERTE (PUNKTE VON 0-12)		
MEINE ERSTE BESCHÄFTIGUNG MIT DIESER ÜBUNG MIT:	MEINEN FORTSCHRITT BEI DER ZWEITEN BESCHÄFTIGUNG:	MEINEN FORTSCHRITT BEI DER DRITTEN BESCHÄFTIGUNG:

Wagnis – das Salz in der Suppe kreativer Menschen

☐ Kreativität bedeutet immer auch Wagnis

Es gibt eine grundsätzliche Erkenntnis dazu, was kreative Menschen ausmacht: Sie sind risikobereit.

Wie wir bereits sahen, stellt es oft eine Herausforderung dar, gewohnte Wege zu verlassen. Ein unbekanntes Gericht, ein neuer Urlaubsort, ein gewagtes Kleidungsstück – all das kann uns zögern lassen, es auszuprobieren. Doch ist gerade Risikobereitschaft ein wesentliches Attribut von Menschen, denen ihr Leben – und somit auch das Alter – mehr als hervorragend gelingt.

Die Bereitschaft zum Wagnis als Eigenschaft erschien mir so wichtig, dass ich sie sogar in den Titel meines ersten Buches *Leben wagen bis ins hohe Alter* übernahm. Alle 80-, 90- und 100-Jährigen, über die ich in meinen Büchern berichte, haben es gewagt, ein Leben zu führen, das anders ist als das, was man bei Menschen ihres Alters vermuten würde - Doris Long, die mit 85 Jahren das Abseilen von Hochhäusern für sich entdeckte und es bis 100 praktizierte (weil es Spaß machte); Barbara Beskind, die sich mit 90 Jahren als Konzept-Designerin im Silicon Valley bewarb und genommen wurde (weil sie Neues erfinden wollte); Dolly Saville, die mit 100 Jahren noch als Kellnerin arbeitete (weil sie so gern unter Menschen war) ...

Wenn Sie Wagnis in Ihr Leben bringen wollen, müssen Sie sich nicht unbedingt etwas aussuchen, das derart spektakulär ist oder Sie sofort mit Öffentlichkeit konfrontiert. Sie können mit einem "kleinen Risiko" beginnen, das nur Sie selbst etwas angeht. Ich glaube nicht, dass Sie zu den Menschen gehören, die es bereits als Wagnis ansehen, in einem Restaurant ein unbekanntes Gericht zu bestellen, aber vielleicht schrecken Sie vor etwas anderem zurück? Unsere Ängste hindern uns daran, Dinge zu tun, die wir gern tun möchten. Sie führen dazu, dass wir Situationen und Erfahrungen vermeiden, die wir als riskant einschätzen.

Ganz gleich, was Sie sich vornehmen, riskieren Sie es - und freuen Sie sich darauf. Denn es gibt kaum etwas, das mehr belebt, als sich einer Herausforderung gestellt zu haben: Man fühlt sich als Sieger, weil man die Angst vor der Herausforderung überwunden hat, man hat ein Erfolgserlebnis in Bezug auf das gewagte Unternehmen und man fühlt sich ermutigt, weitere Herausforderungen anzunehmen.

GROßE ÄNGSTE BESIEGEN SIE DADURCH, DASS SIE ES MIT DEN KLEINEN AUFNEHMEN

Schauen Sie auf Ihre Liste, ob Sie dort eine Gewohnheit finden, die einer Vermeidungsstrategie gleichkommt. Dann steckt dahinter vermutlich irgendeine Art von Angst, die Sie versuchen könnten anzugehen. Das müssen (und sollten) keine großen Ängste sein, eher das, was man unter Scheu, Verunsicherung oder Scham versteht.

Was könnten solche Vermeidungsstrategien sein? Zum Beispiel, dass Sie grundsätzlich keine eng anliegende Kleidung tragen (obwohl Sie es gern möchten), weil Sie meinen, nicht die richtige Figur dafür zu haben. Oder dass Sie nie zum Tanzen gehen (obwohl Sie das für Ihr Leben gern täten), weil Sie meinen, nicht gut genug zu sein und sich zu blamieren.

Ein Lösungsweg wäre, danach Ausschau zu halten, wie andere damit umgehen, die das, was Sie vermeiden, mit größter Selbstverständlichkeit tun. Das würde zum Beispiel in ersterem Fall bedeuten, dass Sie ganz gezielt mit der Intention spazieren gehen, nur nach Frauen Ausschau zu halten, die – mit Rubensfigur – eng anliegende Kleidung tragen. Sie werden erstaunt sein, wie viele ihnen plötzlich begegnen – und vor allem, mit welcher Selbstverständlichkeit sich diese Frauen bewegen. Hatten Sie vorher den Gedanken: *'Oh Gott, wie kann diese Frau nur ein Stretchkleid tragen! Ich würde so etwas nie tun.'* Dann wechseln Sie die Sichtweise und denken stattdessen: 'Bewundernswert, dass diese Frau den Mut hat, das zu tragen, was *ihr* gefällt – und nicht, was von anderen gebilligt wird.'

Wenn das Tanzen Ihr Problem war, dann gehen Sie in solche Lokale und sehen Sie bewusst den Tanzenden zu. Wie viele bewegen sich wirklich exzellent und gekonnt zu den Rhythmen? Sehen die Anwesenden nur auf jene, die schlecht tanzen können? Sie ahnen bereits die Antwort: Vermutlich schaut niemand hin.

Suchen Sie Ihre eigenen Beispiele oder wenigstens eines, um eine kleine Angst in ersten Schritten anzugehen.

ICH BEWERTE (PUNKTE VON 0-12)		
MEINE ERSTE BESCHÄFTIGUNG MIT DIESER ÜBUNG MIT:	MEINEN FORTSCHRITT BEI DER ZWEITEN BESCHÄFTIGUNG:	MEINEN FORTSCHRITT BEI DER DRITTEN BESCHÄFTIGUNG:

WAS IST FÜR SIE WAGNIS?

Wenn solche kleinen Ängste nicht Ihr Problem sind, Sie aber schon seit Längerem mit einem größeren Wunsch ringen, den Sie gern verwirklichen möchten, dann versuchen Sie sich an diesem. Leser und Leserinnen des vorhergehenden Bandes, *Vom Vergnügen, älter zu werden*, können dort auf die Liste ihrer Träume und Wünsche zurückgreifen, die sie idealerweise unter dem Übungskapitel "Mut-Check" angefertigt haben. Wenn Sie größeres Interesse an einer Kreativität haben, die sich konkret manifestiert (Idee, Produkt, Lösung), und weniger daran, Ihr Leben als solches kreativer zu gestalten, dann entscheiden Sie sich dafür, eine Idee, die Sie beruflich oder privat hatten und die Sie bislang nicht wagten, nun umzusetzen, sie endlich zu verwirklichen.

Ganz gleich, was Sie sich aussuchen, ob Sie beschlossen haben, im Urlaub den Mini-Bikini zu tragen, obwohl Sie Kleidergröße 48 haben, ob Sie als Nichttänzer endlich den Tangokurs belegen wollen oder ob Sie nachweisen wollen, dass Pflanzen sich in rollenden Blumentöpfen zum Licht hin bewegen – wagen Sie es dieses eine Mal wirklich. Ich bin mir nahezu sicher, dass die Tatsache, dieses eine Mal die Courage gehabt zu haben, Sie inspirieren wird, auch weiterhin Wagnisse einzugehen.

ICH BEWERTE (PUNKTE VON 0-12)		
MEINE ERSTE BESCHÄFTIGUNG MIT DIESER ÜBUNG MIT:	MEINEN FORTSCHRITT BEI DER ZWEITEN BESCHÄFTIGUNG:	MEINEN FORTSCHRITT BEI DER DRITTEN BESCHÄFTIGUNG:

Wenn Sie eher zu den Menschen gehören, die vor vielen Dingen Angst haben, kann ich Sie trösten und Ihnen versichern: Das macht gar nichts, auch Sie können es schaffen. Warum ich dessen so sicher bin? Weil ich selbst in meinem Leben viele Ängste hatte und Sie trotz allem überwinden konnte. So hatte ich in jungen Jahren panische Angst vor Wespen, ich hatte beim Schwimmen Angst vor tiefem Wasser, hatte Angst vor dem Fliegen und Angst vor exotischen Ländern. Und vor meinem ersten Auftrag in einer der dunkelsten Ecken Afrikas hätte ich am liebsten mein Testament gemacht. Wie Sie sehen, eine ganze Menge recht unterschiedlicher Ängste, deren Überwindung mich Arbeit gekostet hat. Doch jede überwundene Angst eröffnet neue Horizonte des Erlebens, lässt Sie wieder ein Stück freier werden.

Bei mir hat es dazu geführt, dass ich mir dadurch in meinem Leben neue Welten geschaffen und echte Chancen eröffnet habe. So erscheint meine damalige Angst vor dem Fliegen und vor exotischen Ländern heute nahezu burlesk angesichts der Tatsache, dass sowohl das Fliegen als auch die exotischen Länder zu meinem Beruf gehören, da ich als international tätige Beraterin und Gutachterin weltweit unterwegs bin. Das Schwimmen ist zu meinem Hauptsport geworden. Und die Wespen? Nun, diese sind, nachdem ich die Angst vor ihnen verloren hatte, zu "Freunden" geworden. Ich entdeckte, dass Wespen harmlose Geschöpfe der Natur sind und nur wir sie durch unsere panische Reaktion zu den "aggressiven" Insekten machen, für die wir sie halten. Heute lasse ich sie auf der Hand krabbeln und wenn mir danach ist, rede ich mit ihnen. Wenn ich sie auffordere, den Raum zu verlassen, tun sie es meistens.

☐ MISSERFOLGEN ADE SAGEN

Wagnis ist, wie gesagt, ein wesentliches Kennzeichen kreativer Menschen. Im Klartext heißt dies darüber hinaus: Kreative Menschen scheuen Fehlschläge nicht.

Das Wagnis, Misserfolge in Kauf nehmen zu müssen, leuchtet bei Börsenspekulationen jedem sofort ein. In Bezug auf Kreativität wird es nicht immer gesehen. In Wirklichkeit gehen bahnbrechenden Neuerungen und Erfindungen immer auch Fehlschläge voraus. Ein Künstler zerknüllt tausend Skizzen, bevor sein Meisterwerk das Licht der Öffentlichkeit erblickt. Die Misserfolge, die Neuschöpfungen vorausgehen, sind jedoch weit weniger bekannt als all die wunderbaren Dinge, die kreative Menschen hervorbringen. Wenn man kreativ sein will, muss man Dinge ausprobieren, ohne zu wissen, ob es funktioniert – und oft funktioniert es nicht auf Anhieb. So sagte bereits Albert Einstein: "Wer noch nie einen Fehler gemacht hat, hat sich noch nie an etwas Neuem versucht."
Man muss also den Misserfolg hinnehmen und – man muss oft auch hinnehmen, dass andere über einen lachen, weil gerade bahnbrechende Neuerungen zuerst einmal als verrückte Ideen angesehen werden. Es ist heute längst vergessen, was Menschen mit "normalem Menschenverstand" damals zu ganz großen Erfindungen und Neuerungen sagten. Daniel Goleman zitiert einige dieser Meinungen in seinem Buch: "Wer zum

Teufel will Schauspieler sprechen hören?" (der Präsident von Warner Brothers im Jahr 1927), "Das Pferd wird bleiben, das Auto ist nur ein Gag – eine Modeerscheinung" (ein Banker, der Henry Fords Anwalt riet, nicht in die Ford Motor Company einzusteigen), "Flugmaschinen, die schwerer als Luft sind, sind ein Ding der Unmöglichkeit" (Lord Kelvin, 1895).

Wenn Sie als kreativer Mensch in Zukunft immer wagemutiger werden, könnte es sein, dass Sie dabei auch öfter Misserfolge zu verarbeiten haben. An dieser Stelle sollen einige Beispiele Ihnen dabei helfen, Misserfolgen *anders* zu begegnen. Wenn Ihnen die folgende kreativ-spielerische Herangehensweise in diesem Zusammenhang nicht liegt oder nicht gefällt, dann überspringen Sie sie einfach. Aber da Sie zu diesem Buch gegriffen haben, könnte es doch sein, dass Sie gern auch einmal eine etwas "skurrilere" Übung ausprobieren möchten.

VERKLEIDEN SIE IHRE MISSERFOLGE

Wie Sie nun wissen, ist es ein Kennzeichen kreativer Geister, dass sie Fehlschläge und Misserfolge nicht scheuen. Machen Sie es ihnen nach und geben Sie Ihren Fehlschlägen ein sprichwörtlich neues Kleid.

Machen Sie eine kleine Liste der letzten fünf unangenehmen Situationen, die Sie verursacht haben, oder der fünf Misserfolge, die Sie bislang am meisten geschmerzt haben. Dann überlegen Sie, in welches neue Gewand Sie diese Ereignisse kleiden könnten. Stellen Sie sich bei dieser Fiktion ruhig ganz reale Arten von "Gewändern" vor, die Sie so gestalten können, wie es Ihnen gefällt. Das erleichtert es Ihnen, später nach ähnlichen Situationen zu dieser kleinen List zu greifen, um Misserfolge zu relativieren.

Ich schlage Ihnen hier einige solcher Gewänder für Misserfolge vor: den "Na-und-Hänger", das "Lerngewand", das "Danke-Kleid", das "Deren-Problem-Jacket" und den "Jetzt-erst-recht-Überwurf".

Sie können den Gewändern aber auch eigene Namen geben, die Ihnen besser gefallen oder Ihnen passender erscheinen. Wenn Sie mit der Vorstellung eines neuen Kleides nichts anfangen können, nehmen Sie Etiketten, die Sie auf Ihre Misserfolge kleben können, oder erfinden Sie eine eigene Methode nach diesem Muster.

Hier nun einige Beispiele für die fünf möglichen "Verwandlungen":

• Auf einer Party erzählen Sie einigen Freunden mutig etwas, das Sie sonst eisern für sich behalten. Als Anhängerin der Lehren von spiritueller Selbstheilung machen Sie Übungen dazu, einen Leberfleck verschwinden zu lassen. Ihre Freunde halten Sie für spleenig und lachen sich halb tot. Sie machen lauthals Witze darüber, wohin der Leberfleck denn wohl entschwände und anderes mehr. Sie bereuen es, davon erzählt zu haben, und fühlen sich überdies auch noch entmutigt. Die richtige Situation für ein "Deren-Problem-Jacket" oder das "Lerngewand". Was Sie daraus gelernt haben, ist wohl, dass Sie besser weiterhin schweigen oder dass Sie andere Freunde brauchen, nämlich solche, die Sie ermutigen, und nicht welche, die über Sie lachen.

• Sie haben letzthin Ihrem Arzt eine kritische Frage gestellt, woraufhin er Sie angefahren hat, ob Sie es wohl besser wissen wollen als ein Mediziner. Es war Ihnen peinlich und Sie haben geschwiegen, obwohl Sie es nicht richtig fanden. Es wäre an der Zeit, dieser Arztgeschichte entweder den "Jetzt-erst-recht-Überwurf" zu verleihen und das nächste Mal beim selben Arzt Ihre Frage gleich einzuleiten mit "Entschuldigen Sie, ich will auf keinen Fall Ihre Kompetenz in Frage stellen, aber ...". Oder Sie entscheiden sich für das "Danke Etikett", für die Erkenntnis, dass Sie bei so einem Arzt falsch aufgehoben sind, und suchen sich einen neuen.

- Sie waren auf einer Konferenz und haben sich mit einem potenziellen, wichtigen Auftraggeber unterhalten. Da Sie etwas nervös waren, schlitterte beim Buffet in der Pause ein Happen von Ihrem Teller just auf dessen Anzug. Sie wären am liebsten im Boden versunken und werden seitdem von der Vorstellung geplagt, von diesem Herrn gewiss niemals einen Auftrag zu bekommen. Holen Sie den "Na-und-Hänger" hervor und werfen Sie ihn diesem Ereignis über. Wahrscheinlich hat der Herr es längst vergessen – und wenn nicht, lacht er vielleicht inzwischen über den tollpatschigen jungen Mann am Buffet. Ob er deswegen auch Ihre Kenntnisse in Experimentalphysik in Zweifel zieht? Das würde bedeuten, dass er Wesentliches nicht von Unwesentlichem unterscheiden kann, was vermutlich nicht der Fall sein wird. Wenn dem aber tatsächlich so wäre: Wollen Sie einen solchen Auftraggeber?

Bei diesem letzten Beispiel könnten Sie ein weiteres Gewand kreieren, das Sie zum Beispiel den "Mut-Pullover" nennen könnten: Sie könnten einer eventuell nachteiligen Beurteilung durch diesen Herrn den Wind aus den Segeln nehmen, indem Sie ihm höchst proaktiv und mutig eine kleine Nachricht senden und ganz direkt und ehrlich ausdrücken, wie peinlich Ihnen das gewesen ist. Ehrlichkeit wird von vielen geschätzt, Mut ebenso. So könnten Sie Ihr Missgeschick in einen positiven Schachzug verwandeln. Vielleicht geht er sogar darauf ein und antwortet, dass ihm einmal Ähnliches passiert sei, dann hätte dieses "Missgeschick" Sie einander sogar nähergebracht.

Nun sind Sie an der Reihe! Viel Spaß beim Verkleiden und Verwandeln dessen, was Sie – bisher – als Misserfolge ansahen.

Wenn Sie genügend Phantasie haben, können Sie dieses Spiel sogar noch "personalisieren". Sie könnten einen Misserfolg als eine Fabelfigur oder ein Fabeltier sehen, die sich unter dem "Na-und-Hänger" oder dem "Jetzt-erst-recht-Überwurf" geknickt aus Ihrem Leben schleichen. Einer Figur sagt man leichter "lebe wohl!".

ICH BEWERTE (PUNKTE VON 0-12)		
MEINE ERSTE BESCHÄFTIGUNG MIT DIESER ÜBUNG MIT:	MEINEN FORTSCHRITT BEI DER ZWEITEN BESCHÄFTIGUNG:	MEINEN FORTSCHRITT BEI DER DRITTEN BESCHÄFTIGUNG:

Neu sehen, neu spüren, neu erfahren

☐ Warum "sehen" nicht immer auch "wahrnehmen" bedeutet

Wir alle sind davon überzeugt, dass wir die Umgebung, in der wir leben und arbeiten, sehr gut kennen. Wie sollte es auch anders sein, wenn man tagein, tagaus durch dieselben Straßen geht, an denselben Häusern vorbei, zu denselben Geschäften. Nun, ich wette mit Ihnen, dass Sie doch nicht alles so genau kennen, und bin mir ziemlich sicher, dass ich diese Wette nicht verlieren werde. Sie selbst können es umgehend testen, wenn Sie versuchen, die Straße zu beschreiben, die Sie jeden Tag entlanggehen. Wie viele Häuser da stehen, werden Sie noch wissen, vielleicht auch, welche Autos normalerweise davor parken. Doch wenn es darum geht, wie diese Häuser aussehen, welche Türen und Fenster sie haben, was im Garten steht, ob es Besonderheiten am Gehsteig gibt, wie die Treppengeländer gestaltet sind usw. – spätestens dann werden Sie ab irgendeinem Zeitpunkt passen müssen, es sei denn, Sie sind Architekt oder Hobbygärtner, denn das, was uns interessiert, sehen wir immer.

Vielleicht werden Sie jetzt sagen: Was soll daran so wichtig sein, ob ich weiß, welche Türen die haben und ob da irgendetwas im Garten steht? Sie haben Recht mit diesem Einwand: Es ist – für sich genommen – in der Tat nicht wirklich wichtig. Das Interessante daran ist die Erkenntnis, die sich daraus ergibt. Sie sagt viel darüber aus, wie wir durch das Leben gehen. Jenen, die mit Zen-Praktiken vertraut sind, wird gewiss in diesem Zusammenhang der Begriff "Achtsamkeit" einfallen. Wir gehen mit offenen Augen durchs Leben, das meinen wir, aber diese offenen Augen sehen nicht alles. Wir "sehen" oft, ohne zu "schauen", nehmen somit vieles nicht wahr.

Allseits bekannt ist die geringe Verlässlichkeit von Zeugenaussagen, die alle das Gleiche gesehen haben, selten aber dasselbe. Wir haben im Alltag mehr Zeit als die Zeugen eines sekundenschnell ablaufenden Überfalls, um unsere Umgebung anzuschauen. Dennoch ist auch unser Sehen nicht viel genauer. Wie oft können wir jemandem, der uns nach dem Weg fragt, nicht weiterhelfen, weil wir nicht einmal die Namen der Straßen in unserem näheren Umfeld kennen?

Unsere Aufmerksamkeit reicht nicht einmal an die eines Goldfisches heran. Schütteln Sie gerade ungläubig den Kopf? Diese Erkenntnis von Forschern machte kürzlich weltweit die Runde im Netz: Während der Mensch eine Aufmerksamkeitsspanne von 8,25 Sekunden hat (Aufmerksamkeitsspanne ist laut Definition die Zeitspanne, in der sich die Aufmerksamkeit einer Person voll auf eine Sache konzentriert), beträgt diese beim Goldfisch 9 Sekunden. Vielleicht mögen Sie es als Ansporn betrachten, den Goldfisch zu übertrumpfen?

Dass wir bei unserer Art des Sehens vieles nicht wahrnehmen, hängt auch damit zusammen, dass wir zu oft durch das Leben hetzen. Unsere Zeit ist extrem kurzlebig geworden. Wir können es uns, so meinen wir, nicht mehr leisten, *nur* zu gehen, *nur* an der Ampel zu stehen, *nur* einen Kaffee zu trinken, *nur* im Zug zu sitzen. Wir gehen und denken dabei an das, was wir alles besorgen müssen. Wir stehen an der roten Ampel und beschäftigen uns gedanklich nur damit, dass es endlich grün werden soll. Wir sitzen im Café, aber anstatt den Kaffee vor uns intensiv zu genießen, telefonieren wir mit der Freundin. Wir fahren im Zug, aber wir schauen uns nicht die Landschaft draußen an, wir leben im Laptop vor uns.

Es führt zurück zum Grundgedanken des Zen: Tu, was du tust. Wir sind in unserem Leben oft weit davon entfernt, das zu tun, was wir tun – heute, mit dem Einzug von Handy und Smartphone in unser Leben, weiter entfernt denn je. Die junge Generation wird vermutlich Galaxien weit davon entfernt sein, wächst sie doch heran mit dem abwärts fixierten Blick auf das Smartphone.

Wahres "Sehen" hat, wenn Sie es zu üben beginnen, über das Wahrnehmen der Realität hinaus einen weiteren Effekt: Es bringt etwas in unser Leben zurück, das wir zumeist vergessen haben. Ein Wort, das wie aus ferner Vergangenheit anmutet, charakterisiert dieses Erleben: das Wort *Beschaulichkeit*.

WAHRNEHMEN STATT NUR SEHEN

Wenn Sie dieses Kapitel anspricht, dann versuchen Sie, das "Sehen" ganz bewusst zu üben. Sie werden staunen, was Sie dabei alles entdecken!

Gehen Sie die Straßen entlang, die Sie bereits öfter entlanggegangen sind, und schauen Sie ganz bewusst: Haben Sie den Baum dort wahrgenommen? Fiel Ihnen die rote Farbe am Haus an der Ecke auf? Haben Sie das lustige Reklameschild gesehen? Wussten Sie, dass an den Fenstern der Dachwohnung im Haus gegenüber von der Bushaltestelle, an der Sie oft stehen, Geranien blühen?

Die Realität, die Sie am Ende dieses Experimentes entdeckt haben werden, wird eine andere sein, als die, die Sie zu kennen glaubten. Es kann sogar vorkommen, dass Sie ganze Kunstwerke übersehen – mir zumindest ist dies einmal passiert, und ich wage es nicht zu sagen: Die Skulptur ist riesig. Ich hatte davon aber immer nur einen Teil wahrgenommen: den großen knallroten Würfel, der direkt neben einer oft von mir benutzten Bushaltestelle steht. Aus diesem ragt eine Stange, ich hatte an ihr entlang jedoch nie nach oben gesehen. Oben aber hängen zwei Figuren, in Lebensgröße …

ICH BEWERTE (PUNKTE VON 0-12)		
MEINE ERSTE BESCHÄFTIGUNG MIT DIESER ÜBUNG MIT:	MEINEN FORTSCHRITT BEI DER ZWEITEN BESCHÄFTIGUNG:	MEINEN FORTSCHRITT BEI DER DRITTEN BESCHÄFTIGUNG:

WENN ICH EINE GIRAFFE (FLEDERMAUS, SCHNECKE, AMEISE) WÄRE ...

... dann würde ich dieselbe Welt ganz anders sehen.

Gestatten Sie sich ein kleines Spiel, das interessante Impulse liefern kann: Denken Sie sich in die Haut verschiedener Tiere hinein und versuchen Sie, soweit es physisch oder in Imagination eben möglich ist, deren Perspektive einzunehmen.

Wir sind als Menschen gewohnt zu meinen, dass das, was wir sehen, *die* Realität ist, die genau so und nicht anders aussieht. Doch eben diese "Realität" nimmt ein anderes Wesen aus unterschiedlicher Perspektive völlig ander wahr.

Eine Giraffe muss alle Menschen für Zwerge halten, während ein Chihuahua gewiss meint, unter Riesen zu leben. Einer Schnecke wird eine vorüberfliegende Hornisse wie ein Düsenjäger vorkommen, während eine Ameise, die von uns achtlos vom Tisch gefegt wird, ein Erlebnis hat, das dem eines Menschen gleichkäme, der von der Spitze des Eifelturms gestoßen wird (selten staunen wir darüber, dass sie es überlebt). Das Facettenauge der Fliege sieht ein Bild der Realität, das wir uns kaum vorstellen können, und die Fledermaus "sieht" bei Nacht gar, ohne zu sehen.

ICH BEWERTE (PUNKTE VON 0-12)		
MEINE ERSTE BESCHÄFTIGUNG MIT DIESER ÜBUNG MIT:	MEINEN FORTSCHRITT BEI DER ZWEITEN BESCHÄFTIGUNG:	MEINEN FORTSCHRITT BEI DER DRITTEN BESCHÄFTIGUNG:

☐ Es "umgekehrt" erleben

Etwas umgekehrt oder gar "verkehrt herum" zu machen, ist ein bewusst genutztes Mittel kreativer Geister und stellt darüber hinaus eine hervorragende Herausforderung an unser Gehirn dar, muss dieses sich doch radikal von eingefahrenen Spuren verabschieden und neue Reize verarbeiten.

Wie kann ein solches "Verkehrtherum" im konkreten Tun aussehen? Das naheliegendste an Gegensatz ist sicher links gegen rechts (oder umgekehrt) auszutauschen. Der Gebrauch der Hand fällt einem sofort ein. Oder Sie mögen es prinzipiell nicht, links von einer Person zu gehen. Vielleicht tragen Sie auch Ihre Armbanduhr immer nur links oder die Handtasche immer nur rechts. Die andere Seite des Körpers genauso in das alltägliche Leben einzuspannen, bringt, nebenbei bemerkt, mehr Balance in den Organismus – es ist einleuchtend, dass der einseitige Gebrauch einer Seite, eines Armes, einer Hand, eines Beines, diese eine Seite auch stärker trainiert als die andere.

Dennoch kann es Ihnen unter Umständen gehörig "gegen den Strich gehen", etwas umgekehrt oder gar verkehrt herum zu machen. Es könnte also ein interessantes Experiment sein.

WAS KÖNNTE ICH ANDERSHERUM AUSPROBIEREN?

Überlegen Sie sich, was Sie "andersherum" machen könnten. Könnten Sie Ihr Auto einmal andersherum parken oder eine Nacht in Ihrem Bett "verkehrt herum" schlafen? Denken Sie an die arabische Schrift, die aus unserer Sicht "andersherum" geschrieben wird, nämlich von rechts nach links – wie wäre es, wenn Sie versuchten, ein paar deutsche Sätze von rechts nach links zu schreiben, nur um zu sehen, wie das ist?

Vielleicht holen Sie an dieser Stelle Ihre Liste noch einmal hervor. Steht darauf etwas, das Sie ins komplette Gegenteil verkehren könnten?

Wenn Ihnen nichts einfallen will, dann probieren Sie es mit den Redewendungen, die hierzu recht passend sind. Überlegen Sie, wie oder wobei Sie "das Pferd von hinten aufzäumen" könnten oder welche Gesten und Bewegungen Ihnen bei sich oder anderen "gegen den Strich" gehen ...

ICH BEWERTE (PUNKTE VON 0-12)		
MEINE ERSTE BESCHÄFTIGUNG MIT DIESER ÜBUNG MIT:	MEINEN FORTSCHRITT BEI DER ZWEITEN BESCHÄFTIGUNG:	MEINEN FORTSCHRITT BEI DER DRITTEN BESCHÄFTIGUNG:

DAS MACH ICH DOCH MIT LINKS ...

Nehmen Sie diese Redewendung einmal ernst und machen Sie tatsächlich alles mit links, also mit der linken Hand (wenn Sie Linkshänder sind, müssen Sie die Redewendung natürlich anpassen).

103

Paradoxerweise wird sich der Sinn hinter dieser Redewendung nicht bestätigen, denn etwas "mit links machen" bedeutet, dass es einem mühelos gelingt. Das aber wird hier in vielerlei Hinsicht nicht zutreffen. Manche Handgriffe werden Ihnen leicht fallen, bei anderen dagegen werden Sie sich sehr unbeholfen vorkommen. Da kann es schon vorkommen, dass das Stück Fleisch, das sie "mit links" aufspießen wollten, auf der Hose landet, und wenn Sie versuchen, sich "mit links" zu kämmen, wird das unter Umständen recht mühsam ausfallen.

Generell werden Sie wahrscheinlich feststellen, dass alles viel langsamer geht. Gerade das kann, unabhängig von anderen Erfahrungen damit, ein wunderbares Erlebnis sein, da es zur Konzentration zwingt – zu Achtsamkeit bei dem, was man tut.

Ich bewerte (Punkte von 0-12)		
Meine erste Beschäftigung mit dieser Übung mit:	Meinen Fortschritt bei der zweiten Beschäftigung:	Meinen Fortschritt bei der dritten Beschäftigung:

Wenn Sie es ausprobiert haben, alltägliche Verrichtungen mit der linken Hand durchzuführen, und Sie vielleicht auch versucht haben, ein paar Worte mit links zu schreiben, dann machen Sie ein weitergehendes Experiment. Probieren Sie zu einem ganz bestimmten Thema, wie zum Beispiel einer Frage, die Sie gerade beschäftigt, oder einem Problem nacheinander beide Hände aus und vergleichen Sie das Ergebnis.

WAS DIE LINKE HAND NOCH SO ALLES ZU TAGE BRINGEN KANN

Schreiben Sie, während Sie über eine Lösung zu einem Problem nachsinnen, dazu zuerst etwas "normal" nieder, also rechts (für Rechtshänder). Dann lassen Sie, während Sie sich weiterhin mit dem Problem beschäftigen, die linke Hand etwas dazu schreiben. Das heißt, in beiden Fällen lassen Sie die Gedanken dazu so kommen, wie sie kommen.

Sie werden sehen, dass das, was dann auf dem Papier steht, sich voneinander unterscheidet. Da das Gehirn anderweitig "angezapft" wird, bringt es auch andere Ideen und andere Lösungen hervor.

Links zu schreiben kann zu einer faszinierenden Reise in unbewusste Bereiche Ihres Seins werden.

ICH BEWERTE (PUNKTE VON 0-12)		
MEINE ERSTE BESCHÄFTIGUNG MIT DIESER ÜBUNG MIT:	MEINEN FORTSCHRITT BEI DER ZWEITEN BESCHÄFTIGUNG:	MEINEN FORTSCHRITT BEI DER DRITTEN BESCHÄFTIGUNG:

Die bisherigen Beispiele bezogen sich alle darauf, wie Sie etwas auf physische Weise umgekehrt erleben können. Eine andere Möglichkeit wäre, danach Ausschau zu halten, was in Ihrer Umwelt "verkehrt herum" geschieht. Damit meine ich Situationen, die Sie aus Ihrer bisherigen Einstellung heraus als verdreht ansehen, weil sie nicht der üblichen menschlichen Erfahrung entsprechen. Ich gebe Ihnen hierfür ein Beispiel aus meinem Buch *Leben wagen bis ins hohe Alter*, in dem ich der umgekehrten Sichtweise ein ganzes Kapitel gewidmet habe. Eine sehr alte Dame sagte einmal, zur Verblüffung aller: "Ich erfülle meine Mutterpflicht und besuche all meine Kinder in den Altersheimen." Das ist ein solches "Verkehrtherum", wie wir es uns kaum vorstellen können. Genau in diesen Tagen, da ich das hier schreibe, gab es eine ähnliche Nachricht in den Medien: Eine 98-jährige Frau zog in ein Altersheim – nein, nicht etwa, weil sie selbst es nötig gehabt hätte, sie zog zu ihrem 80-jährigen pflegebedürftigen Sohn, um ihn besser betreuen zu können.

WAS AUCH GANZ ANDERS SEIN KANN IM LEBEN

Gehen Sie auf die Suche nach Ereignissen oder Berichten, die zeigen, wie sich Situationen im Leben konträr zu dem präsentieren, was der sogenannte "gesunde Menschenverstand" kennt, oder nach Beispielen, die Sie selbst aus Ihrer Erfahrung heraus als "verkehrt herum" ansehen.

Wenn Ihnen nichts einfallen will, dann versuchen Sie mit gängigen Redewendungen oder mit als feststehend geltenden Sichtweisen zu spielen und die Aussagen umzukehren. Gibt es ein "jung und weise"? Kann man durch einen Besuch beim Arzt krank werden statt gesund? Können Kinder mehr über das Leben wissen als ihre Eltern? Sind Sie schon mal einer älteren Frau (über 60) begegnet, die fraglos sexy wirkte? Erschwert Technologie das Leben, anstatt es zu erleichtern? Kann ein Fluss seinen Lauf umkehren? Hat wirklich der Mensch das GPS erfunden oder war uns die Wüstenameise darin nicht schon weit voraus?

Wenn Sie wenigstens ein paar Gedanken dazu entwickeln konnten: Wie war es für Sie, in diese hypothetisch umgekehrte Welt einzutauchen? Hat es Sie verwirrt oder war es wie eine spannende Entdeckungsreise?

ICH BEWERTE (PUNKTE VON 0-12)

MEINE ERSTE BESCHÄFTIGUNG MIT DIESER ÜBUNG MIT:	MEINEN FORTSCHRITT BEI DER ZWEITEN BESCHÄFTIGUNG:	MEINEN FORTSCHRITT BEI DER DRITTEN BESCHÄFTIGUNG:

Etwas umgekehrt erleben oder sich darauf einlassen, dass etwas auch umgekehrt möglich ist, ist nicht nur eine Spielwiese kreativer Menschen, es macht uns toleranter, wenn wir konträre Lebensweisen oder Sichtweisen zulassen, die von uns für unmöglich angesehen werden. Nebenbei bemerkt: Den Fluss, der seine Richtung umkehrt, gibt es tatsächlich – es ist der Tonle Sap in Kambodscha, dessen Fließrichtung sich im Monsun umkehrt.

Dinge umkehren bedeutet aber auch, und das mag noch wichtiger sein, kritischer zu werden gegenüber Gegebenheiten, die sich in der Gesellschaft als "normal" eingebürgert haben und die niemand mehr hinterfragt, obwohl ein Hinterfragen sinnvoll, oft vielleicht sogar nötig wäre und es neue Erkenntnisse bescheren würde. Es mag ein wenig "Anarchie" dabei sein, so wie Anita Roddick, die Gründerin des *Body Shop*, es einmal formulierte: "Kreativität entsteht dadurch, dass man die Regeln verletzt, liebevoll seine anarchischen Tendenzen pflegt."

Nicht jeder kreative Mensch ist ein Querdenker, aber jeder Querdenker besitzt einen kreativen Geist, der es sich gestattet, frei zu sein. Wenn Sie sich den Querdenkern zuordnen oder hineinschnuppern möchten, wie es sich anfühlt, ein Querdenker zu sein, dann probieren Sie es mit der folgenden Übung aus.

ES IST DOCH GANZ ANDERS, ALS ES AUSSIEHT!

Suchen Sie sich gängige Situationen, Einrichtungen, Phänomene aus den verschiedensten Lebensbereichen aus, die soziale Verhaltensweisen, Freizeitverhalten, wirtschaftliche Prozesse u. Ä. charakterisieren, vielleicht für den Einstieg am besten solche, die Sie selbst bereits einmal kritisch beäugt haben. Dann besehen Sie sich, was diese im Grunde sind oder als was man sie ansehen könnte, wenn man es anders betrachtete als gemeinhin üblich, und geben Sie ihnen andere Namen.

Hier einige Beispiele zur Einstimmung. Aus meiner Sicht sind zum Beispiel zu viele Altersheime "Aufbewahrungsanstalten" und Kreuzfahrtschiffe müsste man als "schwimmende Hotels" bezeichnen oder als "Inselhüpfer", wobei am "Kreuz" dieser Fahrten tatsächlich etwas Wahres ist: Sie erlegen es der Umwelt auf.

Sie können bei diesem Spiel ruhig drastisch oder ein wenig "gemein" werden, Querdenker sind anderen selten bequem. Meine "Quermeinung" zu Partnerschaftsbörsen: Sie haben für viele männliche Nutzer weniger mit Partnerschaft zu tun als mit "Fleischbeschau nach Kiloware und Verfallsdatum".

Für Frauen mögen sie gelegentlich tatsächlich etwas mit einer Börse zu tun haben, nämlich jener des eventuell zukünftigen Partners.

Haben Sie schon Ideen, welche Einrichtungen oder Verhaltensweisen Sie anders benennen würden?

ICH BEWERTE (PUNKTE VON 0-12)		
MEINE ERSTE BESCHÄFTIGUNG MIT DIESER ÜBUNG MIT:	MEINEN FORTSCHRITT BEI DER ZWEITEN BESCHÄFTIGUNG:	MEINEN FORTSCHRITT BEI DER DRITTEN BESCHÄFTIGUNG:

☐ Alltägliches wieder spüren – und auf neue Weise genießen

Malbücher für Erwachsene sind gerade in. Warum? Ein Psychologe erklärte es damit, dass die Menschen in unserer immer stärker technikdominierten Welt wieder etwas mit den Händen machen möchten. Ich könnte mir vorstellen, dass diese Erklärung auf jeden Fall teilweise zutrifft. Es gibt unter den jüngeren Generationen auch den Retrotrend – zurück zum Landleben, zu Häkeln, Stricken, Backen, Gemüsegarten. Das kommt gewiss nicht von ungefähr.

Technik erleichtert uns das Leben, sie erspart uns Arbeit und Zeit. Computer, Mobilfunk, Waschmaschine, Mikrowelle, Kaffeeautomat, Geschirrspüler – wer wollte das heute noch missen? Doch seien wir uns dessen bewusst, dass uns all dies nicht nur etwas *erspart*, sondern auch etwas *nimmt*. Es nimmt uns als Menschen viel vom Spüren und Erleben. Und es nimmt unserem Gehirn die Herausforderung, immer wieder nach Lösungen zu suchen.

Wenn wir zum Beispiel die Geschirrspülmaschine nutzen, bedeutet dies: Geschirr einsortieren, Spülmittel einwerfen, Klappe schließen, Knopf drücken. Wenn wir dasselbe Geschirr per Hand abspülen, hat dies unter Umständen zwanzig "Arbeitsgänge" oder mehr zur Folge, denn wir müssen jedes einzelne Teil in die Hand nehmen und gesondert behandeln. Diese Arbeitsgänge sind mit "Spüren" und mit "Denken" verbunden. Ein Messer liegt anders in der Hand als eine Tasse, ein Glas braucht weniger Druck als ein Teller und ein stark verschmutzter Topf muss kräftig geschrubbt werden. Die Kaffeemaschine oder der noch modernere Kaffeeautomat sind in unserem Zeitalter zu einer Selbstverständlichkeit geworden. Vielleicht weiß so manch ein jüngerer Mensch überhaupt nicht mehr, wie Kaffee aussieht, da man diesen zunehmend portionsweise in Plastik verpackt. Wer gießt heute noch Kaffee per Hand auf? Dabei kann es ein betörend sinnliches Erleben sein, es zu tun und zuzuschauen, wie das Kaffeepulver im langsam zugegossenen heißen Wasser aufquillt und sich der Kaffeeduft aus der offenen Filtertüte entfaltet. Sie können eine solche Kaffeezubereitung ähnlich zelebrieren wie ein japanischer Zen-Mönch die Teezubereitung.

Nein, Sie brauchen keine Sorge zu haben, dass ich hier für die Rückkehr zu Omas Zeiten plädiere. Ich möchte nur ein wenig bewusst machen, dass Fortschritt in dem einen Bereich Rückschritt im anderen bedeuten kann. In einer Zeitung las ich vor kurzem, dass Pädagogen beginnen, sich Sorgen zu machen, weil Kinder dabei seien zu verlernen, mit der Hand zu schreiben. Eine Folge von Handy und Smartphone. Bleibt immer die Frage, welchen Preis wir bereit sind, für den Fortschritt zu bezahlen.

Doch hier geht es nicht um unsere Gesellschaft, sondern nur um Sie und Ihr Leben. Die folgenden Übungen können Ihnen interessante kleine Erlebnisse im Spüren wiederbringen.

SCHÄTZE AN "SINNLICHER WAHRNEHMUNG"

Wenn Sie dieses Kapitel spannend finden und etwas ausprobieren wollen, dann machen Sie eine Liste all der Verrichtungen, die Sie der Technik überlassen (diese werden
vermutlich kaum auf der Liste Ihrer Gewohnheiten stehen),
und erweitern Sie diese auf andere "Erleichterungen" im
Haushalt. Dann überlegen Sie, welche dieser Tätigkeiten
Sie einmal wieder per Hand erledigen möchten.

Wenn Sie Dessous dieses eine Mal mit der Hand waschen,
anstatt sie dem Schongang Ihrer Waschmaschine zu über-
geben, dann spüren Sie den fließenden Stoff, das weiche,
leichte Gewebe in Ihren Händen. Lassen Sie Ihre Sinne zu
den Gefühlen schweifen, die Ihnen dieser Stoff beim Tragen
schenkt.

Oder Sie beschließen, die Orangen für das Frühstück am
Sonntag per Hand auszupressen, anstatt dies der automa-
tischen Zitruspresse zu überlassen. Dabei könnten Sie daran
denken, dass derartige Handgriffe nicht nur Arbeit bedeuten,
sondern auch Training für die Hände und damit für Ihre Gesundheit.

Vielleicht möchten Sie stattdessen die Seife hervorholen,
die Sie kürzlich durch den Seifenspender ersetzt haben.
Dann könnten Sie Ihre Gedanken ins ferne Afrika schweifen
lassen, wo ein Stück Seife für viele Menschen mit zu den
wichtigsten Dingen im Leben gehört, und Sie könnten das
Gefühl genießen, dieses glatte, duftende Stück Luxus in
Händen zu halten.

Mein ganz persönlicher Wunsch wäre es, dass Sie – wenigstens einmal – wieder einen Brief schreiben, und zwar

nicht per E-Mail am PC. Sie werden den Unterschied schnell merken – und ich würde sagen: bestimmt auch wertschätzen. Briefeschreiben ist eine alte, nahezu vergessene Kunst, die mir ganz besonders am Herzen liegt. Sie steht für Beschaulichkeit, Besinnung, Ernsthaftigkeit, Wertschätzung, Ästhetik – und Freude. Denn gerade weil es kaum mehr persönliche, handgeschriebene Briefe gibt, freuen sich Menschen ganz besonders darüber, einen Brief zu erhalten.

Wenn Sie also einen Menschen haben, den Sie ganz besonders wertschätzen, dann machen Sie ihm oder ihr einmal diese Freude.

ICH BEWERTE (PUNKTE VON 0-12)		
MEINE ERSTE BESCHÄFTIGUNG MIT DIESER ÜBUNG MIT:	MEINEN FORTSCHRITT BEI DER ZWEITEN BESCHÄFTIGUNG:	MEINEN FORTSCHRITT BEI DER DRITTEN BESCHÄFTIGUNG:

EIN TAST-SPAZIERGANG DURCH IHRE WOHNUNG

Wir fassen über den Tag verteilt unzählige Dinge aus verschiedenen Materialien an. Aber nehmen wir sie auch bewusst wahr und spüren sie?

Gönnen Sie sich das Erlebnis eines Tast-Spazierganges durch Ihre Wohnung und fassen Sie dabei alle Dinge sehr bewusst an. Am besten, Sie schließen dazu die Augen, das erhöht die Intensität des Tastens.

Das Holz des Tisches, den Stoff der Vorhänge, das Metall der Lampe, das Wachs der Kerze, das Papier der Bücher ...

113

Ein völlig unterschiedliches Erleben, das sich dadurch verstärken lässt, dass Sie zum Material auch die Form erspüren. Werden Sie für eine halbe Stunde zum Handwerker, Bildhauer oder Gestalter – denn diese Menschen gehen mit Materie anders um: Sie spüren das Wesen der Materialien, die sie bearbeiten, kennen jede Besonderheit von Holz, Stoff, Stein, Leder. Jene, die ihr Handwerk oder Kunsthandwerk aus tiefster Leidenschaft betreiben, liebkosen "ihre" Materie sogar bisweilen.

So wie Berührung mit Menschen verbindet, verbindet das Tasten mit Dingen, holt sie aus der Anonymität lebloser Materie heraus, verleiht ihnen eine Art Leben, und Sie werden diese Verbindung spüren.

ICH BEWERTE (PUNKTE VON 0-12)		
MEINE ERSTE BESCHÄFTIGUNG MIT DIESER ÜBUNG MIT:	MEINEN FORTSCHRITT BEI DER ZWEITEN BESCHÄFTIGUNG:	MEINEN FORTSCHRITT BEI DER DRITTEN BESCHÄFTIGUNG:

DAS "NACHTGEWAND" VERBANNEN UND SICH SELBST NEU SPÜREN

Das Tragen von Pyjama oder Nachthemd ist für die meisten von uns nicht nur eine Gewohnheit, es ist eine Art Norm. Laut Statistik gehen in unserem Land nur 12 Prozent (nach einer anderen Quelle sogar nur 5 Prozent!) ohne Hüllen ins Bett, die Norm scheint also weit verbreitet und gesellschaftlich fest verankert zu sein. Irgendwie "gehört es sich", dass man bekleidet zu Bett geht. Aus der Sicht eines unbedarft den-

kenden Menschen könnte man den Schlafanzug aber auch
als recht überflüssiges Kleidungsstück ansehen, denn: Wieso
muss man sich zuerst ausziehen, um sich dann wieder anzuziehen – und das, obwohl man gar nicht außer Haus geht,
sondern sich in ein Bett legt, in dem man gar nicht friert ...?
Ich vermute, dass es für viele einer ziemlichen Umwälzung
gleichkäme, wenn Sie sich dazu entschließen würden, nunmehr nackt zu schlafen. Als Single müssten Sie sich vielleicht
erst daran gewöhnen, sich selbst nackt im Bett zu sehen.
Wenn Sie einen Partner haben, kann es sein, dass dieser es
ablehnt, weil er oder sie sich nicht dazu durchringen kann.
Als ein Paar mit Kindern könnten Sie es als nicht angebracht
ansehen, der unwägbaren Situationen wegen, die sich ergeben könnten.

Dennoch: Wenn Sie es sich irgendwie erlauben können,
probieren Sie es aus.
Nackt schlafen ist nicht nur gesund. Es scheint wissen-
schaftlich erwiesen zu sein, dass man dabei besser schläft
und offenbar auch noch zusätzlich Kalorien verbrennt. Die
Briten meinen sogar herausgefunden zu haben, dass nackt
schlafen und eheliches Glück eng zusammenhängen. Nun,
dass es der Sexualität förderlich ist, könnte ich mir zumindest
gut vorstellen. Wie auch immer, auch wenn Sie diese Gründe
nicht für interessant genug halten, probieren Sie wenigstens
aus, wie es sich anfühlt.

Wenn Sie es noch nie gemacht haben, werden Sie staunen:
Es vermittelt schlichtweg ein anderes Körpergefühl. Sie *spü-*
ren sich selbst dabei anders. Wenn Sie edle Satin-Bettwä-
sche haben, werden Sie den Unterschied noch viel deutlicher

115

spüren, da der glatte, fließende Stoff sich regelrecht an den Körper schmiegt. Wenn Sie, aus welchen Gründen auch immer, Ihrem Körper näherkommen möchten, ist Nacktschlafen – zumindest aus dieser Sicht betrachtet – ein ausgezeichnetes Mittel.

Ich bewerte (Punkte von 0-12)		
Meine erste Beschäftigung mit dieser Übung mit:	Meinen Fortschritt bei der zweiten Beschäftigung:	Meinen Fortschritt bei der dritten Beschäftigung:

☐ DAS BILD, DAS ICH VON DIR HABE ...

Gewohnheit ist nicht nur das, was man tut. Es ist auch die Art und Weise, wie man etwas – oder jemanden – zu betrachten gewohnt ist. Wir alle kennen die Geschichten von Paaren, bei denen einer nach vielen Jahren plötzlich geht und zur Begründung vorbringt, dass er oder sie ein "anderer" geworden sei, dass der Partner dies aber nie bemerkt habe oder es nicht sehen wollte. Woran dies liegt, diese Analyse möchte ich Psychologen oder Paartherapeuten überlassen. Vielleicht liegt es daran, dass man am Leben des anderen nicht genug Anteil genommen hat, oder daran, dass der andere sich früher nicht so gezeigt hat, wie er wirklich war oder sein wollte. In jedem Fall hatte man von dem Menschen, mit dem man bis dahin zusammengelebt hat oder den man bis dahin kannte, ein Bild, und dieses Bild hat sich irgendwann einmal "überholt", ohne dass man es bemerkt hätte.

Der "gewohnte" Mensch zeigt sich plötzlich als jemand anderes, bringt Verhaltensweisen an den Tag, die wir an ihm oder ihr nicht kannten, scheint als Person Facetten zu haben, die wir nie gesehen haben. Man pflegt in solchen Fällen zu sagen, dass man sich "auseinandergelebt" hat, geradeso als sei dies eine schicksalhafte Fügung. Aber ist es das wirklich oder liegt es nicht eher daran, dass wir zu irgendeinem Zeitpunkt etwas verpasst haben – es verpasst haben genau hinzusehen, dass man nicht mehr teilgenommen hat am Leben des anderen, an seiner Entwicklung, seinen Sorgen und Wünschen?

Das wahrhaft Traurige an solchen Ereignissen ist, dass etwas zerbricht und dass der Grund dafür sogar ein positiver sein kann: die Tatsache, dass jemand sich verändert hat, sich weiterentwickelt hat, den Mut gehabt hat, Facetten von sich zuzulassen. Denn sein ganzes Leben lang derselbe zu bleiben, der man mit 20 Jahren war, ist möglicherweise nicht immer ein Ideal.

Welches Bild jemand von einem hat (oder bewahren will), dazu hatte ich einmal ein sehr interessantes Erlebnis. Ich ließ von einem Fotografen Porträtaufnahmen von mir machen, da man als Autorin solche häufig benötigt. Der Fotograf, ein ruhiger, eher introvertierter Mann, sah in mir offenbar einen Wesenszug, der ihn persönlich faszinierte (Fotografen sind da manchmal sehr subjektiv). Er wollte unbedingt Bilder machen, bei denen ich die Arme verschränke. Das ist für mich keine typische Geste, aber ich dachte mir: 'Warum nicht? Mal sehen, was dabei herauskommt.' Das Ergebnis überraschte mich, denn ich fand mich voll darin wieder. Auch wenn diese bestimmte Geste nicht eine gewohnte war, hatte er doch die Seite an mir wahrgenommen, die mich vor allem im Beruflichen charakterisiert: das ausgesprochen Selbstbewusste. Da ich dazu auch noch eine Lederjacke trug, war das Profil einer starken Frau perfekt. Und ich dachte bei mir: 'Genau das bin ich.' Was für eine Überraschung aber, als ich das Foto einer Freundin zeigte, die mich seit Studienzeiten kennt. Ohne dass ich einen Kommentar abgegeben hätte, bemerkte sie wie aus der Pistole geschossen: "DAS bist nicht du!" Ein weiteres Bild, auf dem ich eher liebreizend dreinblickte, gefiel ihr dagegen sehr. Ich war völlig perplex ob dieser absolut konträren Sicht und habe lange darüber nachgesonnen, worin diese begründet sein könnte. Den Grund fand ich letztlich darin, dass diese Freundin mich ausschließlich in privatem Kontext kennt, dass sie – im Gegensatz zu anderen Freundinnen – kaum etwas darüber weiß, wie und wer ich im Beruflichen bin. Sie kennt mich fast nur als jemand, die gern über Spirituelles redet und ansonsten schweigend zuhören kann. Dazu passen verschränkte Arme absolut nicht.

Wenn Sie dieses Thema interessiert, lade ich Sie ein, einmal zu checken, was für ein Bild Sie von einer Ihnen nahestehenden Person haben.

BIST DU NOCH DER, DER DU EINMAL WARST?

Suchen Sie sich eine Person aus, die Ihnen wichtig genug ist, um diese Innenschau zu wagen – Ihr Partner oder Ihre Partnerin, eine sehr gute Freundin, ein langjähriger Arbeitskollege, ein Geschäftspartner.

Blicken Sie zurück auf den Zeitpunkt, da Sie diesen Menschen kennengelernt haben, und machen Sie eine Art *Flash* zum Heute: Ist er – auf den ersten Blick besehen – derselbe? Wenn ein Zögern da ist: Was genau ist heute anders?

Dabei geht es *hier nicht* darum zu sehen, ob der Ihnen nahestehende Mensch sich sozusagen "zum Negativen" hin verändert hat! Denn zum einen ist das nicht Zweck der Übung und zum anderen bemerken wir solche Dinge gewöhnlich wesentlich schneller als unterschwellig positive oder neutrale Veränderungen.

Wenn Sie auf den ersten Blick keine Veränderungen feststellen, fragen Sie ruhig ein wenig weiter. Hat er oder sie im Lauf der Zeit andere Interessen entwickelt als früher? Nehmen Sie an diesen teil oder leben Sie diese völlig separat? Haben sich bei ihm oder ihr Einstellungen oder Sichtweisen verändert und tauschen Sie sich mit ihm oder ihr darüber aus?

Wie sehr nehmen Sie Anteil an seiner Arbeit, an seinem beruflichen Werdegang? Wissen Sie, was sie bewegt, welche beruflichen Sorgen sie hat, was für sie Erfolge sind?

Ist es Ihnen manchmal passiert, dass Freunde oder Kollegen Bemerkungen zum Wesen oder Verhalten ihres Partners/ihrer Partnerin machten, das Ihnen völlig fremd oder unbekannt vorkamen?

ICH BEWERTE (PUNKTE VON 0-12)		
MEINE ERSTE BESCHÄFTIGUNG MIT DIESER ÜBUNG MIT:	MEINEN FORTSCHRITT BEI DER ZWEITEN BESCHÄFTIGUNG:	MEINEN FORTSCHRITT BEI DER DRITTEN BESCHÄFTIGUNG:

NEU DENKEN

Gewohnheiten verbindet man spontan mit "Verhaltensweisen". Wo aber begannen viele oder vielleicht sogar die meisten dieser mechanisch gewordenen Verhaltensweisen? Sie begannen im Kopf.

Wenn ich immer in dasselbe Restaurant gehe, mit Vorliebe Blau trage oder nur noch in die Toskana in Urlaub fahre, so entstanden diese Verhaltensweisen nicht von selbst. Verkürzt ausgedrückt: Ich habe es jeweils das erste Mal bewertet – "das ist ein gutes Restaurant, Blau steht mir, in der Toskana ist es schön ..." –, bestätige die Bewertung beim zweiten Mal immer noch bewusst, denke aber vielleicht bereits beim dritten Mal nicht mehr viel darüber nach.

Je öfter ich den Gang oder die Handlung wiederhole, umso weniger brauche ich darüber nachzudenken, und am Ende ist es dann eine lieb gewordene Gewohnheit.

Es gibt dazu eine wunderbare Weisheit aus dem Talmud. Sie besagt: "Achte auf deine Gedanken, denn sie werden Worte. Achte auf deine Worte, denn sie werden Handlungen. Achte auf deine Handlungen, denn sie werden Gewohnheiten. Achte auf deine Gewohnheiten, denn sie werden dein Charakter. Achte auf deinen Charakter, denn er wird dein Schicksal."

☐ Schließen Sie Ihre Gedankenwelt auf

Wenn man immer gleiche Gedanken zu bestimmten gesellschaftlichen oder sozialen Zuständen, zu Politik oder Religion,
zum Mann-Frau-Verhältnis oder zu anderen Kulturen hegt,
ohne diese zu reflektieren, werden diese Gedanken irgendwann
zu einem Denkmuster mit Ausschließlichkeitscharakter.

Wenn diese Ausschließlichkeit sich bei Meinungen und
Überzeugungen auf andere Menschen bezieht, ist sie leicht
an einem Wort zu erkennen, dem Wörtchen "sind": Frauen
sind ..., Männer sind ..., Amerikaner sind ..., Russen sind ...,
Muslime sind ...
Durch das schlichte "sind" werden Meinungen zu Stereotypen
und dann zu Vorurteilen. Wie viel Unheil, wie viel Diskrimi-
nierung, Leid, Hass und Gewalt könnte man in dieser Welt
vermeiden, wenn man einfach nur dieses kleine Wörtchen relativieren würde, indem man ein "manche" oder "einige"
davor setzte. Selbst ein "viele" vor dem Wörtchen *sind* würde
die Last des Unwahren verringern, auch wenn es sich dem
Vorurteil bereits bedenklich nähert.

Auf unser Leben bezogen haben ausschließliche Denkmuster
nicht nur zur Folge, dass wir andere Menschen, andere Sichtweisen, andere Realitäten "ausschließen". Es bedeutet simul-
tan, dass wir dadurch unser eigenes Leben "einschließen" wie

in eine Art Gedanken- und Meinungskerker, der einzig von der Wahrnehmung unseres einseitigen Denkens bestimmt wird.

Der freie Informationsfluss in unserem Zeitalter verführt uns dazu zu meinen, dass wir ganz gut über diese Welt Bescheid wissen. Wie oft aber beurteilen Menschen "die Welt" letztlich doch aus der Sicht ihres eigenen Lebens heraus, setzen Realität mit der beschränkten Reichweite ihrer Erfahrungen oder gar nur mit ihren persönlichen Überzeugungen gleich.

Wie viel Bereitschaft haben wir, unser übliches Denken, unsere gewohnten Sichtweisen oder Werturteile zu überprüfen, zu erweitern oder gar gelegentlich zu revidieren? Wie viel Neugier haben wir zu erfahren, wie "Leben" woanders geht? Wie viel "andere Wirklichkeit" passt noch in unser Leben?

DAS ANDERE ENDE DER WELT

Normalerweise interessiert uns das "andere Ende der Welt" kaum, so dass wir auch nichts darüber wissen. Was ein Bauer in Indien anbaut, wie Rentierhirten in Sibirien leben, was eine Existenz im Slum von Rio de Janeiro bedeutet, woran Wüstenvölker ihr Leben orientieren ... – all das ist weit von uns entfernt.

Machen Sie das Experiment, aufs Geratewohl Berichte über Länder und Kulturen in den entferntesten Ecken dieser Welt zu lesen, wo immer Sie darüber stolpern. Selbst wenn Sie die Tundra gar nicht interessiert oder Sie nicht mal sagen können, wo die Osterinsel nun genau liegt, es geht nicht um

Wissen und Sie müssen sich auch nicht eingehend damit beschäftigen. Betrachten Sie es als Stippvisite Ihres gewohnten Denkens zu neuen unbekannten Gefilden. Vielleicht werden Sie überrascht sein, was es bei Ihnen auslöst.

Eine Variante dazu wäre, dass Sie sich überlegen, mit welchen Lebensbereichen oder Themen Sie sich gedanklich am wenigsten beschäftigen oder worüber Sie absolut nichts wissen, und dass Sie gezielt nach Informationen dazu suchen. Ob das Tiefseekraken sind oder das Phänomen von Albinos, ob Sie etwas darüber wissen möchten, warum Männer in Schottland Röcke tragen oder Sie neugierig sind, wie viele Frauen bereits im All unterwegs waren – das Thema spielt für die Übung an sich keine Rolle. Es ist lediglich als Anreiz dafür gedacht, Ihrem Denken ein paar Appetithappen anzubieten.

ICH BEWERTE (PUNKTE VON 0-12)		
MEINE ERSTE BESCHÄFTIGUNG MIT DIESER ÜBUNG MIT:	MEINEN FORTSCHRITT BEI DER ZWEITEN BESCHÄFTIGUNG:	MEINEN FORTSCHRITT BEI DER DRITTEN BESCHÄFTIGUNG:

BRINGEN SIE IHREN "MENSCHEN-ZENSOR" AB UND ZU ZUM SCHWEIGEN

Vielen ist der "innere Zensor" aus der Psychologie oder der Psychotherapie bekannt, es wird einem dann zum Beispiel geraten, den Zensor in sich zum Schweigen zu bringen, der einem sagt, dass man für etwas nicht gut genug sei. Wir haben aber auch einen Zensor in uns, der uns abrät, mit bestimmten Menschen in Kontakt zu treten.

Schalten Sie diesen ab und zu einfach aus und gehen Sie auf jemanden zu, den Ihr Zensor niemals gutheißen würde. Das kann das junge Mädchen mit den blau gefärbten Haaren und dem Nasenring sein oder der junge Straßenmusiker mit den verfilzten Rastalocken. Für andere wäre der Zensor aktiviert, wenn Ihnen ein Macho mit Travoltafrisur und Goldkettchen oder ein Schrebergartentyp mit Bierbauch gegenübersteht. Wieder andere würden auf Abstand gehen, wenn Sie einen gestylten Karrieretypen in Anzug und Krawatte sehen oder eine Dame im Lodenmantel. Und dann sind da noch jene, zu denen eher wenige Menschen Kontakt suchen würden – Prostituierte, Bettler, Transsexuelle, Menschen anderer Hautfarbe. Es ist unmöglich, hier alle Varianten aufzuzählen, da diese schier endlos sind.

Überlegen Sie für sich, bei wem *Sie* auf Abstand gehen. Dann überwinden Sie sich einmal selbst und lassen Sie sich auf ein Gespräch mit so jemandem ein. Vielleicht entdecken Sie dabei, dass hinter der Fassade, die Ihnen nicht genehm ist, ein Mensch steckt, der genauso wie Sie versucht, sein Leben so gut es ihm eben möglich ist zu meistern.

Ich bewerte (Punkte von 0-12)		
Meine erste Beschäftigung mit dieser Übung mit:	Meinen Fortschritt bei der zweiten Beschäftigung:	Meinen Fortschritt bei der dritten Beschäftigung:

Zu diesem letzten Übungsbeispiel gibt es ein wunderbares Video aus Dänemark "What happens when we stop putting people in boxes" (man findet das Video unter diesem Titel in Youtube). Eine größere Gruppe von Menschen war aufgeteilt worden in eine Art "Boxen", visualisiert durch Markierungen am Boden, je nach ihrem gesellschaftlichen, sozialen, religiösen oder anderen Hintergrund (die Besseren und die einfachen Leute, die Einheimischen und die Fremden, die Städter und die Leute vom Land, die Vertrauenswürdigen und die, denen man aus dem Weg geht, usw.). Dann wurde jeweils ein Verhalten, eine Vorliebe oder ein Problem genannt und all jene aufgefordert, in die Mitte zu gehen, die diese Vorliebe oder das Problem teilten. Dadurch ergaben sich plötzlich ganz andere Gruppierungen und zeigten, wie viel "zu verschiedenen Boxen gehörende Menschen" gemeinsam haben können.

Eine weitere, sehr wirkungsvolle Methode, neue Gedanken zu bestimmten Lebensbereichen, vor allem über Menschen in anderen Lebenssituationen, zu bekommen, ist möglicherweise nur etwas für Fortgeschrittene.

Ein indianisches Sprichwort besagt: Beurteile nie einen anderen Menschen, bevor du nicht in seinen Mokassins gegangen bist. In die Schuhe, die Kleidung oder gar die Haut anderer Menschen zu schlüpfen, um zu sehen, wie sich deren Leben aus ihrer Perspektive anfühlt, ist als gedankliches Experiment anspruchsvoll. Aus der Sicht kreativen Lernens ist es eine exzellente Übung.

ICH SCHLÜPFE IN DEINE HAUT

Wenn Sie sich an diese schwierige Übung wagen wollen, dann suchen Sie sich eine imaginäre Person aus, deren

Problematik Sie zumindest ein wenig interessiert. Das könnte jemand sein, der gehbehindert ist oder ein alter Mensch im Pflegeheim oder ein Flüchtling aus Afrika, der gerade in einem Boot auf dem Mittelmeer treibt.

Zu dieser Übung brauchen Sie viel Ruhe und Konzentration, Sie sollten Lust auf das Experiment haben und ungestört sein können. Denken Sie sich dann in die Situation hinein, so gut es Ihnen möglich ist. Wenn *gedankliche* Phantasiereisen nicht Ihre Stärke sind, dann suchen Sie sich ein Beispiel aus, bei dem Sie physisch etwas nachmachen können, wie zum Beispiel, geh- oder sehbehindert zu sein. Wenn Sie Phantasiereisen aus anderem Zusammenhang kennen, fällt es Ihnen weniger schwer, sich vorzustellen, wie Sie zum Beispiel auf dem Mittelmeer treiben. Beim alten Menschen im Pflegeheim wäre beides gefragt, das gedankliche wie auch das physische Element – im Bett liegen, sich nicht bewegen können, gefüttert werden, weil man jeden Löffel Suppe verschüttet …

Wie fühlt es sich an, in deren "Mokassins" zu gehen? Können Sie Zugang finden zu den Empfindungen Ihrer imaginären Figuren, zu ihren Gedanken, Hoffnungen, Ängsten?

ICH BEWERTE (PUNKTE VON 0-12)		
MEINE ERSTE BESCHÄFTIGUNG MIT DIESER ÜBUNG MIT:	MEINEN FORTSCHRITT BEI DER ZWEITEN BESCHÄFTIGUNG:	MEINEN FORTSCHRITT BEI DER DRITTEN BESCHÄFTIGUNG:

Vielleicht wunderten Sie sich über diese letzte Übung, vor allem in Bezug auf das Pflegeheim. Dazu möchte ich sagen, dass mein Plädoyer für das aktive, gesunde, starke Alter von manchen Menschen missverstanden wird, weil viele diesbezüglich eine duale Sichtweise haben: Wenn sich jemand für ein fittes, gesundes, aktives Alter stark macht, kann er unmöglich auch die schwachen und kranken Alten im Blick haben. Ich sehe das anders und lebe es anders.

Ich bin der Meinung, dass man sich für die Würde alter und schwacher Menschen umso stärker einsetzen kann, je mehr man *grundsätzlich* an das Potenzial des Menschen im Alter glaubt – und zwar auf beide Kategorien bezogen. Dazu muss man auch den Begriff "Potenzial" erweitern: Wenn das Potenzial eines gesunden 70-Jährigen darin liegt, noch auf einen Viertausender steigen zu können, mag das Potenzial eines pflegebedürftigen 80-Jährigen darin liegen, dass er noch selbst gehen könnte, anstatt in einen Rollstuhl gesetzt zu werden, weil dies den Abläufen im Heim entgegenkommt.

Für *sich selbst* ein starkes Alter anzuvisieren sollte folglich nicht bedeuten, dass man damit das schwache Alter *anderer* Menschen ignoriert.

☐ In eine volle Tasse passt nichts mehr hinein

Denkmuster können sich unbemerkt formen. Wenn sie dann aber zu Überzeugungen werden, schließt man sich mehr oder weniger *gewollt* in seine eigenen Gedankengebäude ein. Dem begegnet man relativ häufig, wenn es um Glaubensfragen geht.

Vorab dazu eine schöne Geschichte aus dem Zen, die einige von Ihnen kennen werden: die Geschichte von der vollen Teetasse. Nan-in, ein japanischer Zen-Meister, empfing einen Universitätsprofessor zu Besuch, der etwas über Zen erfahren wollte. Der Zen-Meister bot ihm Tee an, und als er die Tasse des Gastes füllte, goss er immer weiter Tee ein, bis die Tasse überlief. Der Anwärter war entsetzt über das unsinnige Verhalten des Meisters und platzte schließlich heraus: "Es ist übervoll. Mehr geht nicht hinein!" Nan-in erwiderte: "So wie diese Tasse sind auch Sie voll mit Ihren eigenen Meinungen und Spekulationen. Wie kann ich Ihnen Zen zeigen, bevor Sie Ihre Tasse geleert haben?"

Die wegweisende Kraft von Glauben und Spiritualität für das eigene Leben liegt im Prinzip in der gelebten (transzendenten) Erfahrung und weniger im theoretischen Wissen. Doch viele Menschen gründen ihren Glauben auf Denksysteme, die nicht immer (man könnte auch sagen: eher selten) auf eigener

Erfahrung beruhen, sondern sich aus Tradition und Überlieferung, aus Büchern oder aus der Erfahrung anderer Menschen ableiten. Wenn man seine Überzeugungen im Wesentlichen aus "Fremdmaterial" speist, müsste dies bescheiden werden lassen, da man selbst zu dessen Überprüfung nicht einmal in der Lage ist.

Paradoxerweise ist genau das Gegenteil der Fall: Menschen, die "Glaubenssystemen" folgen und *wenig eigenen inneren* Zugang zu ihrem Glauben haben, sind oft viel kategorischer im Verteidigen ihrer Überzeugungen, was unüberwindliche Kluften zwischen verschiedenen Glaubensrichtungen entstehen lässt, da jeder "sein" Wissen und seine Interpretation für das einzig Richtige hält. Menschen aber, die wirklich suchen und dabei viel innere Einkehr praktizieren, sind anderen gegenüber oft wesentlich toleranter.

Das Paradox lässt sich leicht erklären. Wenn Menschen im eigenen Innern nach Erkenntnis suchen, stoßen sie schnell an Grenzen. Man merkt dann, wie wenig man im Grunde wirklich weiß, wie schwer es ist, Zugang zu wahrer Erkenntnis zu finden. Somit tendieren solche Menschen weniger dazu, anderes als "falsch" abzulehnen, denn es könnte sein, dass im Unbekannten Wahres steckt, das man nur noch nicht entdeckt hat.

Menschen, die nicht bedingungslos Systemen folgen oder blind das glauben, was andere als einzige Wahrheit verkünden, können sich in Eigenverantwortung von verschiedenen Quellen inspirieren lassen, ohne einer einzigen, exklusiv wahren Richtung folgen zu müssen. Moralisten, Theologen oder Kirchengemeinschaften beurteilen ein solches Verhalten jedoch oft vielmehr als "orientierungslos". Große Meister sehen es anders. Spyros Sathi, genannt Daskalos, war ein christlicher Mystiker aus Zypern, ein Lehrer und Heiler, der weltweit bekannt wurde, ohne selbst Wert darauf zu legen. Er forderte jeden, der zu ihm kam und ihm folgen wollte, auf, seinen Lehren nicht blind zu glauben, sondern selbst nach der Wahrheit zu suchen. Der Soziologe Kyriacos Markides, der einige Bücher über diesen Meister geschrieben hat, berichtet, dass dieser über spirituelle Fragen lieber mit kritischen, offenen Atheisten diskutierte als mit religiösen Fanatikern.

Und in der Tat, Menschen, die im Dialog über Glaubensfragen oder spirituelle Erfahrungen anderer – unabhängig von ihren eigenen Überzeugungen – offen zuhören können, sind die angenehmsten Gesprächspartner, die man sich wünschen kann. Ich würde sie als die "Goldstücke einer Gesprächskultur" bezeichnen.

Ich kenne eine Frau, die im Grunde an nichts glaubt. Politisch gesehen liegt sie sehr weit links, mit Glaubensfragen hat sie sich zu keiner Zeit befasst, noch hat sie irgendwelche Einblicke in Spiritualität oder Esoterik. Doch sie hat die seltene Gabe, offen und vorurteilsfrei zuzuhören, wobei "zuhören" hier nicht nur bedeutet, dass sie sich spirituelle Erfahrungen wie eine Art Märchen anhört – es interessiert sie und sie nimmt teil, obwohl diese Welt für sie in etwa so weit entfernt ist wie der Mond von der Erde.

Manche Leserin wird sich aus meinem Buch *Leben wagen bis ins hohe Alter* an Sœur Emmanuelle erinnern, die französische Ordensschwester, die als die "Mutter der Müllmenschen von Kairo" bekannt wurde. Sie ist ebenfalls ein wunderbares Beispiel für Offenheit im Glauben. Sie wollte – und das als Ordensfrau –, dass die katholische Kirche Homosexualität akzeptierte und den Zölibat lockerte. Und sie hatte tausende von muslimischen Freunden. "Sie sind keine Fanatiker", sagte die damals 99-Jährige. "Ich respektiere sie und sie respektieren mich. Ich liebe die islamische Religion. Ich habe den Koran gelesen. Man findet im Koran sehr schöne Dinge."

Ich selbst war in meiner Jugend und noch zu Studienzeiten eingefleischte Katholikin, die gern andere Menschen bekehren wollte. Ein Buch, auf das ich damals stieß, das bis heute noch erhältlich ist, hat mir die Augen geöffnet: *Die Menschheit betet* von Wladimir Lindenberg. Frei von jeglichem Dogma zeigte mir dieses Buch auf schlichte Weise auf, wie Menschen in *aller* Welt – ganz gleich, ob Buddhisten, Moslems, Katholiken, Indianer, Chassiden oder Quäker – innere Einkehr halten und sich einem Höheren zuwenden. Dieses "verbindende Element", trotz aller Unterschiede, hat mich damals nachhaltig beeindruckt und mich zu einer offeneren und damit auch toleranteren Sichtweise von Glauben gebracht.

WOVON LASSE ICH MICH INSPIRIEREN?

Ganz gleich, welcher Religion Sie angehören oder an was Sie glauben: Wie viel an Impulsen, Erkenntnissen oder Erfahrungen aus anderen Quellen lassen Sie zu?

Halten Sie es für möglich, dass Sie sich, als Christ, jemals den Koran kaufen würden, einfach nur, um ein wenig darin zu lesen, um zu sehen, ob das, was Sie bisher darüber wussten, wirklich zutrifft? Könnten Sie sich als jemand, der Zen praktiziert, vorstellen, zu einem Retreat zu gehen, in dem christliche Kontemplation geübt wird?

Können Sie sich andere geistige oder spirituelle Erfahrungen anhören, ohne sie gleich mit Ihren eigenen Überzeugungen zu vergleichen und zu bewerten?

Diese Übung ist nicht dazu gedacht, Sie auf andere Glaubensschienen zu setzen oder Sie in irgendeiner Weise in Ihren religiösen Überzeugungen zu beeinflussen.
Es ist eine kleine, schlichte Übung des Sich-Öffnens.

ICH BEWERTE (PUNKTE VON 0-12)		
MEINE ERSTE BESCHÄFTIGUNG MIT DIESER ÜBUNG MIT:	MEINEN FORTSCHRITT BEI DER ZWEITEN BESCHÄFTIGUNG:	MEINEN FORTSCHRITT BEI DER DRITTEN BESCHÄFTIGUNG:

☐ EINE NEUE SICHT VON DER SCHALTZENTRALE GEHIRN

Zentral für das Denken ist unser Gehirn. Wir sprechen ihm große Bedeutung zu. Beeinflusst durch Wissenschaft und Medizin, die über das Gehirn und seine Tätigkeit im Fachjargon berichten, haben wir uns jedoch angewöhnt, das Gehirn wie einen Mechanismus anzusehen, als etwas, das, "nervlich verdrahtet und verschaltet", wie ein technisches System funktioniert. Konform dazu ist mechanistisches "Hirnjogging" verbreitet.

Wenn man Sudoku über alles liebt, einfach, weil es einem Spaß macht, dann ist es gut so. Begeisterung und Leidenschaft sind in diesem Sinne immer gut. Wenn man es aber nur macht, weil alle es machen und weil man meint, damit sein Hirn gesund und jung zu erhalten, sollte man sich vielleicht fragen, ob man sein Gehirn nicht ein wenig zu sehr als Maschine betrachtet. Ob ein "lebender Organismus" wirklich Spaß daran hat, tagein tagaus mit Zahlenlogik traktiert zu werden, sei dahingestellt.

Automatismen fordern das Gehirn wenig, und wenn auch die geforderte Zahlenlogik jedes Mal anders ist, so sind es dennoch immer nur Zahlenspiele. Wie anders fühlt es sich doch an, wenn man dem Gehirn neue Erlebnisse bietet, neue Menschen, neue Erfahrungen, neue Erkenntnisse. Kreativität kommt von "creare" (schaffen/erschaffen), und unser Gehirn möchte dabei mitmachen. Es möchte bei allem, was wir tun, mitdenken, mitleben, mitentdecken.

An dieser Stelle eine andersartige Anregung dazu, wie Sie Ihrem Gehirn Gutes tun können.

BETRACHTEN SIE IHR GEHIRN NICHT ALS AUTOMATEN

Diese für Sie vielleicht ungewohnte Empfehlung ist sehr kurz: Behandeln Sie Ihr Gehirn wie ein Lebewesen. Ihr Gehirn möchte an Ihrem *Leben* aktiv teilhaben und *daran* sein Können beweisen. Geben Sie ihm diese Chance!

Eine Möglichkeit, dies umzusetzen, besteht darin, Ratschläge für ein aktives, gesundes, leistungskräftiges Gehirn daraufhin zu checken, ob der Ratschlag sich nach etwas Mechanischem anhört oder nach etwas Lebendigem.

ICH BEWERTE (PUNKTE VON 0-12)		
MEINE ERSTE BESCHÄFTIGUNG MIT DIESER ÜBUNG MIT:	MEINEN FORTSCHRITT BEI DER ZWEITEN BESCHÄFTIGUNG:	MEINEN FORTSCHRITT BEI DER DRITTEN BESCHÄFTIGUNG:

☐ SICH NEUE GEDANKEN ZUM ALTER ERSCHAFFEN

Dass das eigene Denken die zukünftige Realität schafft, das wissen Manager, wenn es um geschäftlichen Erfolg geht, und es ist Esoterikern geläufig, wenn sie sich mit "Bestellungen" an das Universum richten. Dass das Denken die zukünftige Realität auch in puncto *Alter* beeinflussen kann, scheint sich jedoch noch nicht herumgesprochen zu haben. Das liegt im Wesentlichen daran, dass man "Alter" mit all seinen negativen Folgen als etwas Unabänderliches ansieht, als etwas, das zur Natur des Menschen gehört und das man folglich, "so wie es eben ist", hinnehmen muss.

Wie aber entsteht unser Wissen vom Alter? Angenommen, Sie sind gerade mal zwanzig oder dreißig Jahre alt, dann können Sie "Alter" noch gar nicht erlebt haben. Das bedeutet, Sie haben diesbezügliches Wissen von irgendjemandem oder irgendwoher übernommen. Dennoch verteidigen Menschen allen Alters negative Ansichten als feststehende Tatsache, da "man ja weiß", wie Alter ist. Unsere Wissenschaftsgläubigkeit spielt dabei eine gewichtige Rolle, da wir wissenschaftliche Erkenntnisse zum Alter (aus Medizin, Biologie, Neurologie, Gerontologie) als absolute Fakten betrachten. Doch wissenschaftliche Forschungsergebnisse können sich ändern. So zum

Beispiel war es eine nobelpreisgekrönte "Erkenntnis" des letzten Jahrhunderts, dass das menschliche Gehirn im Alter auf irreversible Weise abbaut. Dennoch weiß man heute, dass das nicht stimmt, dass das Gehirn sich auch im Alter weiter entfalten kann. Die wissenschaftliche "Tatsache" ist also längst überholt und keine Tatsache mehr, dennoch glauben weiterhin viele Menschen, aus Gewohnheit und mangels Informiertheit, an deren Gültigkeit – und schaden dabei sich selbst.

In ihrem Buch *Counterclockwise* (Die Uhr zurückdrehen) zeigt die Harvardprofessorin Ellen Langer auf exzellente Weise auf, wie "verblendet" auch Wissenschaft sein kann. Vieles, was als Tatsache hingestellt wird, ist oft nur eine Interpretation oder eine falsche Schlussfolgerung, weil sich niemand näher damit auseinandergesetzt hat oder weil der Fokus selektiv war. Ein Beispiel hierzu: Jeder wird Ihnen erzählen, dass sich Muskeln im Alter automatisch abbauen. Nachdem man aber angefangen hatte, sich diese Frage näher anzusehen und sie unter einem anderen Blickwinkel zu untersuchen, stellte sich heraus, dass nicht das Alter dafür ausschlaggebend ist, sondern die *Nutzung* der Muskeln. So unterscheiden sich die Muskeln eines 74-jährigen, der Sport treibt, *nachweislich in nichts* von den Muskeln eines 40-Jährigen! Wenn ältere oder alt gewordene Menschen sich im Vergleich zu jüngeren Jahren immer weniger bewegen und stattdessen immer öfter zu Hause auf dem Sofa oder vor dem Fernseher sitzen und ihre Muskeln somit abbauen, ist dann der Abbau dem Alter geschuldet oder dem, wie man nunmehr lebt?

Seltsamerweise bestehen Menschen regelrecht darauf, Krankheit im Alter als eine Realität anzusehen, auch wenn dies zu ihrem eigenen Nachteil ist. Das ist etwas, das ich nie habe verstehen können. Wie viele fruchtlos sich verhärtende Diskussionen habe ich mit Menschen geführt, die diese Überzeugung für eine unverrückbare Realität halten! Da nützen keine Erkenntnisse von Alterswissenschaftlern, die besagen, dass es "jeder" in Bezug auf Alter nicht gibt, weil gerade das Alter sehr verschieden erlebt wird, und es nützen auch keine Statistiken, die beweisen, dass selbst 90-Jährige noch relativ gesund und munter sein können. Es nützt auch nichts, dass ich als Autorin, die intensiv und über viele Jahre zum Thema Alter recherchiert hat, sagen kann: Ich kann *nachweisen*, dass es auch eine andere Realität gibt, ich habe eine große Zahl an Beispielen zu *anders* gelebtem Alter.

Den krassesten Fall einer hartnäckig negativ vertretenen Ansicht will ich Ihnen nicht vorenthalten. Ich traf einmal einen Herrn in Berlin, er war Ende vierzig und arbeitete als Techniker in einem Labor. Als ich ihm von meinem Buch *Leben wagen bis ins hohe Alter* erzählte und davon, dass es Menschen gibt, die selbst in hohem Alter noch relativ fit sind, da antwortete er etwas, das mir schier die Sprache verschlug. "Wenn die im hohen Alter noch fit sind, dann müssen sie einen genetischen Defekt haben", sagte er.

So weit kann der Glaube an vermeintliche "Realität" gehen, dass man sich das Abweichende nur noch als genetischen Defekt vorstellen kann.

Bis dato hat unsere Gesellschaft es – trotz neuerer Tendenzen, die in den Medien flotte 70-Jährige präsentieren – nicht geschafft, *in der Tiefe* ein wesentlich anderes Bild vom Alter hervorzubringen. In unserem Land meint man immer noch "Problem", wenn man von Demografie spricht, denkt man an Pflege und Demenz, wenn man über das Alter nachsinnt. Wie kann unter diesen Umständen Leben als bewusste Weiterentwicklung und Alter als Chance gesehen werden?

Meine erste Anregung hierzu, die ich Ihnen für sich selbst, aber ganz besonders für unsere Gesellschaft ans Herz legen möchte, damit sich grundlegend etwas ändern kann, ist sehr kurz, auch wenn die Kürze durchaus nicht für "einfach" steht.

UNKEN SIE NICHT MIT!

Unken Sie nicht mit über die drohende "Vergreisung" unserer Gesellschaft.

"Vergreisung" ist ein Unwort, eine falsche, schädliche Sicht. Allein dieses eine Wort trägt alle negativen Stereotypen über das Alter in sich. Dieses eine Wort sagt: Eine zunehmende Zahl an alten Menschen ist eine Gefahr für die Gesellschaft. Gefahr aber kann nur etwas sein, was durch und durch negativ ist.

ICH BEWERTE (PUNKTE VON 0-12)		
MEINE ERSTE BESCHÄFTIGUNG MIT DIESER ÜBUNG MIT:	MEINEN FORTSCHRITT BEI DER ZWEITEN BESCHÄFTIGUNG:	MEINEN FORTSCHRITT BEI DER DRITTEN BESCHÄFTIGUNG:

Wie wir gesehen haben, entlehnen wir von klein auf unser Wissen vom Alter von dem, wie *andere* Menschen das Alter leben und was *andere* Menschen in unserer Umwelt meinen oder gesagt haben. Später unterfüttern wir diese Vorstellungen mit dem, was die Medien uns berichten und was die Wissenschaft herausgefunden haben mag.

Über 20, 30, 40 Jahre hinweg speisen wir folglich unser Denken aus fremden Quellen, formen unser Bild vom Alter auf Basis fremder Erfahrungen, die zumeist nicht gerade positiv sind.

Gestatten Sie sich eine eigene Meinung! Erschaffen Sie sich *Ihr* Leben, *Ihr* Alter.
Glauben Sie an Ihre Kraft, Ihre Visionen, verwirklichen Sie Ihre Träume und Wünsche.
DAS wird Sie nicht nur kreativer machen – es wird Ihr Leben ändern, und damit auch Ihr derzeitiges oder zukünftiges Alter.

Schaffen Sie es, Alter anders zu sehen? Testen Sie, wo Sie diesbezüglich heute stehen.

MIT 50 SCHÖNER ALS MIT 30, MIT 80 GESÜNDER ALS MIT 60

Können Sie sich – für sich selbst – "alt" als schön, stark, gesund vorstellen?

Können Sie sich vorstellen, dass Sie im Alter attraktiver und gesünder sein könnten als in jungen Jahren?

Sehen Sie sich im Alter als jemand, der über Rente nachdenkt, sich mit Enkelkindern beschäftigt und zu Seniorenabenden geht? Oder können Sie Visionen davon haben, einen langgehegten Traum zu verwirklichen, mit einem bestimmten Anliegen in der Gesellschaft gehört und geschätzt

141

zu werden, plötzlich künstlerisches Talent in sich zu entdecken, Leidenschaft und Liebe zu erleben – ja, insgesamt
spannender zu leben als vielleicht heute?

Wie weit können Sie Alter für sich als (Weiter-)Entwicklung
im Leben sehen, als Vervollkommnung – als Aufwärtstrend?

Ich bewerte (Punkte von 0-12)		
Meine erste Beschäftigung mit dieser Übung mit:	Meinen Fortschritt bei der zweiten Beschäftigung:	Meinen Fortschritt bei der dritten Beschäftigung:

Seien Sie nicht frustriert, wenn Sie nichts oder kaum etwas
davon so sehen können. Es ist oft ein langer Weg dahin, und
unser Umfeld ist häufig nicht gerade hilfreich dabei.

Vielleicht aber hilft Ihnen das folgende Kapitel weiter.

☐ WIE WIR GEDANKENMONSTER ZUM ALTER LOSWERDEN KÖNNEN

Gedanken sind nicht "greifbar", somit entgehen sie unserer Aufmerksamkeit noch leichter als konkrete Verhaltensweisen. Einbahnstraßen im Denken zu entlarven ist somit alles andere als einfach. Ungeliebte oder gar schädliche Gedanken über das Alter loszuwerden kostet sogar ziemlich viel Mühe. Besser wäre es somit, sie erst gar nicht zu haben, denn je länger wir eine bestimmte Sichtweise gepflegt haben, umso schwieriger wird es sein, sich von ihr zu lösen.

Leider aber haben wir derart negative Gedanken zum Alter, da wir sie, wie bereits gesagt, von Kindesbeinen an vorgesagt bekommen und sie dann auch noch brav weiter füttern. Es sind Gedanken wie: "Ich bin schon (35, 42, 51 ...), da geht das nicht mehr" – "das kann ich in meinem Alter doch nicht mehr machen" – "jetzt gehöre ich mit meinen (67, 74, 83 ...) aber wirklich schon zu den Alten" – "ah, der Rückenschmerz, da ist es, das Alter!" Und so weiter.

So traf ich einmal in einer Kunstakademie eine kultivierte und außergewöhnlich künstlerisch-kreative Dame, die sich mit ihren 65 Jahren bereits "alt" fühlte, obwohl sie rundum jung wirkte und Dynamik ausstrahlte. "Wenn ich im Supermarkt an der Kasse stehe und vor mir oder hinter mir junge Leute sehe, dann sag ich mir immer, dass die denken 'Guck, die Alte da!' und ich fühle mich dann auch alt", so sagte sie einmal zu mir. "Warum denken Sie das überhaupt?", fragte ich zurück. "Sie haben das doch gar nicht nötig, so zu denken." Sie erwiderte: "Ich habe mir das so angewöhnt und weiß nicht, wie ich davon wegkommen kann."

Für all jene, die ähnlich negative Gedanken in der Tiefe ihrer Seele nicht haben wollen, werden Gedankenmuster irgendwann einmal zu regelrechten Monstern. Sie scheinen sich geradezu in uns festzubeißen. Und ganz so, wie es nutzlos ist, einen Pitbull, der sich festgebissen hat, einfach abschütteln zu wollen, so wird es auch nicht reichen, sich nur zu sagen, dass man diese Gedankenmonster nicht haben will. Sie sind einfach da.

Wie wird man negative Gedanken los, wenn man sie schon verinnerlicht hat? Wenig Wirkung wird es haben, wenn Sie sich nur sagen, dass sie etwas nicht denken wollen, oder wenn sie sporadisch logische "Gegenargumente" gegen diese Gedanken formulieren. Es wird im Moment nützlich sein, das negative Gedankengut jedoch nicht auf Dauer ausrotten. Was wirklich nützt, ist, entweder das Gegenteil zu *spüren* (anstatt es nur zu denken) oder sich positive Gedanken *kontinuierlich* und systematisch zuzuführen.

Sich positive Gedanken systematisch "zuzuführen" bedarf einer bewussten Entscheidung.

Wir hören, sehen und erleben täglich auch Positives zum Alter, ordnen dies jedoch meist recht schnell anderen, negativen Meldungen oder unseren eigenen negativen Gedanken unter: Sie fühlen sich jung, aber Ihr Kopf sagt, dass Sie alt sind. – Jemand macht Ihnen ein Kompliment, wie gut Sie aussehen, aber Sie denken sich, dass er das nur aus Höflichkeit tut. – Sie schaffen etwas körperlich Anstrengendes, sagen sich aber sofort, dass das morgen bestimmt nicht mehr geht ...

Das Prinzip der hundert Kerzen

Wenn Sie in einen dunklen Raum kommen und eine Kerze anzünden, wird der Raum da, wo Sie stehen, heller. Zünden Sie eine zweite an und stellen sie unweit von sich ab, wird der Raum auch dort hell. Je mehr Kerzen Sie im Raum aufstellen, umso heller wird er. Ab einer gewissen Anzahl von Kerzen wird das Dunkel verschwunden sein.

Ähnlich könnten Sie sich die negativen Gedanken zum Alter als das Dunkel vorstellen, das Sie nicht "verjagen" können. Wohl aber können Sie es durch Licht ersetzen, bis es von selbst verschwindet. Was sind diese Kerzen hier in diesem Beispiel?

Es sind all die vielen kleinen positiven Erlebnisse, die Sie in Bezug auf "Alter" haben und die Sie sammeln sollten – so lange bis die negativen Gedanken immer mehr an Gewicht verlieren. Konkret könnte dies ein kleines Tagebuch sein, in das Sie jedes kleine Erlebnis schreiben, das Ihnen Mut gemacht hat.

Ich bewerte (Punkte von 0-12)		
Meine erste Beschäftigung mit dieser Übung mit:	Meinen Fortschritt bei der zweiten Beschäftigung:	Meinen Fortschritt bei der dritten Beschäftigung:

Diese erste Übung ist für jedermann machbar. Es ist eine sanfte, aufbauende Methode, die einzig von Ihnen erfordert, sich positive Erlebnisse zu merken.

Wenn Sie in Bezug auf das Thema zu den Fortgeschrittenen gehören, können Sie auch eine der folgenden Übungen ausprobieren. Die folgenden drei Übungen steigern sich jeweils im Grad der Schwierigkeit: Sie verlangen Ihnen zunehmend Wachsamkeit und Bewusstheit ab.

ICH WILL KEIN JUNKFOOD MEHR

Wenn Sie jemand sind, der ein ausgesprochenes Bewusstsein für gesunde Ernährung hat, dann wäre dies eine gute Übung für Sie. Betrachten Sie Gedanken genauso als Ernährung, wie Sie es mit richtigen Nahrungsmitteln tun. Denn auch wenn Gedanken nicht materiell sind, "füttern" sie uns letztlich.

Dazu eine Übung, die ich zum Thema "negative Gedanken über das Alter" in meinem Buch *Leben wagen bis ins hohe Alter* vorgestellt habe:

"Was kann man tun, um sich davor zu bewahren, negative Gedanken aufzunehmen? Und wie wird man sie wieder los, wenn man sie schon verinnerlicht hat? Ich würde den Weg dorthin mit dem Bewusstsein zu gesunder Ernährung vergleichen, mit der Wachsamkeit, die so viele Menschen diesbezüglich schon entwickelt haben. Wie genau lesen wir Zutatenlisten und Nährwerttabellen auf Fertigpackungen, bevor wir uns zum Kauf und Verzehr entschließen. Wie wachsam sind wir, wenn es darum geht, möglichst fettarm zu essen, nicht zu viel Kaffee am Tag zu trinken, wenig Salz zu uns zu

nehmen, keinen raffinierten Zucker mehr zu verwenden? Genau diese Wachsamkeit können Sie auf Ihre Gedankenwelt übertragen. Fragen Sie sich: Welche Gedanken zum Alter nehme ich – im Laufe eines Tages, eines Jahres, ja meines Lebens – zu mir? Welchen 'Nährwert' haben Gedanken über das Alter, die andere an mich herantragen? Welche 'Schadstoffe' enthalten sie? Sind es positive oder negative Gedanken, dienliche oder unnütze, selbstbestimmte oder fremdbestimmte?

Betrachten wir negative Gedanken zum Alter als Junkfood, dessen Verzehr wir verweigern können! Es schafft Platz in unserem Hirn für andere, positivere Vorstellungen. Denn wie soll eine positive Sicht in uns greifen können, solange wir den alten Gedankenmüll mit uns herumtragen, den andere bewusst oder unbewusst über das Alter verbreiten?"

Sortieren Sie gute, bestärkende und motivierende Gedanken zum Alter als gesunde Nahrung aus und werden Sie sich dessen bewusst, wie sehr negative Gedanken, die Sie schwach machen und herunterziehen, Ihnen schaden – ganz so wie Junkfood.

ICH BEWERTE (PUNKTE VON 0-12)		
MEINE ERSTE BESCHÄFTIGUNG MIT DIESER ÜBUNG MIT:	MEINEN FORTSCHRITT BEI DER ZWEITEN BESCHÄFTIGUNG:	MEINEN FORTSCHRITT BEI DER DRITTEN BESCHÄFTIGUNG:

ZUTRITT VERBOTEN!

Wir sind uns vermutlich alle einig, dass negative, demotivierende Gedanken zum Alter so etwas wie ungebetene Gäste sind. Beschließen Sie, diesen ungebetenen Gedanken-Gästen den Zutritt zu Ihrem Kopf zu untersagen. Das erfordert, wie gesagt, eine größere Bewusstheit, denn Sie müssen diese Gäste natürlich "abfangen", bevor es ihnen gelingt einzutreten. Aber mit einiger Übung kann dies gelingen. Das Prinzip wäre wie folgt: Sobald Sie beginnen, einen negativen Gedanken zu denken, sagen Sie sich 'Stopp!' und wenden sich mit folgenden Worten an den Gedanken, geradeso als wäre er ein lebendes Wesen: "Hab' ich dich etwa eingeladen?"

Je nachdem, was Sie an ähnlichen Übungen gewöhnt sind, wird es Ihnen leichter oder schwerer fallen. Ideal wäre es, das Ganze als eine Art Spiel zu betrachten, dann geht es auch viel besser.

ICH BEWERTE (PUNKTE VON 0-12)		
MEINE ERSTE BESCHÄFTIGUNG MIT DIESER ÜBUNG MIT:	MEINEN FORTSCHRITT BEI DER ZWEITEN BESCHÄFTIGUNG:	MEINEN FORTSCHRITT BEI DER DRITTEN BESCHÄFTIGUNG:

GEDANKENMÜLL ENTSORGEN

Diese Übung ist gut für Sie geeignet, wenn Sie zu den etwas rebellischeren Menschen gehören, die nicht nur negative Gedanken zum Alter loswerden wollen, sondern sich auch noch darüber ärgern, dass Sie diese überhaupt haben.

So wie rebellischere Menschen gemeinhin aktiver und entschlossener handeln, könnte es Ihnen gelingen, das negative Gedankengut unmittelbar als "Gedankenmüll" zu identifizieren und umgehend aktiv zu entsorgen. Es wäre ein Vorgehen, das negative Gedanken direkt angeht, es sozusagen mit diesen aufnehmen kann. Das erfordert einen sehr hohen Grad an Bewusstheit.

Wenn Sie diese Übung anspricht, können Sie in regelmäßigen Abständen gedankliche Check-ups machen, sich ansehen, was an unnützen und schädlichen Gedanken Sie nicht mehr brauchen, und diese symbolisch in den Müll werfen.

Wenn Sie dabei auch noch Lust aufs Spielen haben oder Sie gern analytisch vorgehen, könnten Sie diesen Gedankenmüll vor dem Entsorgen auch noch trennen, indem Sie sich fragen: Was für ein Gedankengut ist das? Woher kam dieser oder jener Gedanke? Habe ich ihn selbst produziert? Habe ich ihn übernommen? Von wem? Von meiner Familie, von Freunden, Kollegen? Oder habe ich es aus den Medien?

Das kann eine spannende Entdeckungsreise sein, die Sie schon nahe an die Meisterschaft rückt.

KREATIVITÄT GEDEIHEN LASSEN

☐ WOLLEN SIE JUNG BLEIBEN?
DANN LERNEN SIE VON KINDERN

Die 101-jährige Britin Phyllis Self, die ich in *Leben wagen bis ins hohe Alter* porträtiert habe und die immer noch als Geschäftsfrau aktiv war, sagte im Interview zu mir, dass man fähig sein müsse, wie junge Menschen zu denken. Das bedeute es, jung zu sein und jung zu bleiben.

Ernährung, Sport, aktive Unternehmungen, ja selbst Kreativitätsübungen werden nicht dazu beitragen, dass Sie wirklich innerlich jung bleiben, wenn Sie Ihr Denken nicht offen, flexibel und aufnahmebereit halten. Tim Drake und Chris Middleton, zwei britische Autoren, deren Buch *You can be as young as you think* ich für eines der besten zum Thema dynamisches Alter und Jungbleiben halte, schlagen in die gleiche Bresche. "Neues im Außen nützt wenig, wenn wir weiterhin alt denken", sagen sie.

Junges Denken, das uns der Kreativität näherbringt, können wir am besten von kleinen Kindern lernen. Gemeinhin sehen wir es so, dass Kinder von uns etwas lernen müssen, von den Erwachsenen. Wir sind auch der gängigen Meinung, dass alte Menschen gesetzt und irgendwie weise (geworden) sein sollten. Wenn alte Menschen Verhaltensweisen zeigen, die jenen von Kindern ähneln, neigen wir eher dazu, es als peinlich und kindisch zu empfinden, als dass wir es auch nur annähernd akzeptierten oder gar für richtig hielten.

Kreative Menschen aber sehen es anders. Ich würde mich somit mehr an das halten, was Picasso gesagt hat, als an das, was die Gesellschaft "gemeinhin" dazu meint: "Um wirklich jung zu sein, braucht es eine sehr lange Zeit", sagte der große Künstler.

Welche Eigenschaften kennen wir von kleinen Kindern? Ich würde sechs hervorheben: Sie lieben Buntes, staunen, fragen viel, verleihen allen Dingen Leben, gehen unbekümmert auf andere zu und sie leben im Hier und Jetzt.

☐ DAS STAUNEN WIEDER LERNEN

Wenn ich es übertreiben wollte, würde ich sagen: Wir haben das Staunen verlernt. Sie haben Einwände, weil Sie doch über viele Errungenschaften staunen, die der Mensch zustande bringt? Nun, das war es nicht, was ich meinte. Ich meinte das Staunen über die vielen *alltäglichen* Kleinigkeiten, über das Sein und die Natur.

Kleine Kinder staunen über vieles, das wir nicht einmal sehen oder bemerken. Sie staunen über Marienkäfer und Ameisenstraßen, können sich in das Betrachten einer Raupe verlieren oder einen Dackel als das schönste Tierwesen auf Erden ansehen. Sie bekommen leuchtende Augen, wenn sie einen Papierdrachen fliegen lassen und wollen aus dem Berg von Herbstblättern nicht mehr herauskommen.

Was bringt es uns, das Staunen wieder zu erlernen? Es öffnet das Herz und – es macht uns wieder ein wenig demütig. Als technologieorientierte Wesen bewundern wir vor allem unsere eigene Intelligenz und vergessen dabei, dass das Wunder des Lebens – das wir mit all unserer Intelligenz immer noch nicht bis ins Letzte ergründet haben –, schon vor Millionen Jahren da war.

STAUNEN WIE EIN KIND

Bleiben Sie ab und zu stehen und staunen Sie mal wieder so richtig wie ein Kind: über ein Gänseblümchen oder einen Regenwurm, über Wolkenformationen am Himmel oder den Flug einer Möwe! Bewundern Sie die Kraft der Grashalme, die durch die Steinmauer brechen, schauen Sie einer Fliege zu, wie sie sich putzt ... Nehmen Sie das Wunder des LE-BENS wahr, das sich dahinter verbirgt.

ICH BEWERTE (PUNKTE VON 0-12)		
MEINE ERSTE BESCHÄFTIGUNG MIT DIESER ÜBUNG MIT:	MEINEN FORTSCHRITT BEI DER ZWEITEN BESCHÄFTIGUNG:	MEINEN FORTSCHRITT BEI DER DRITTEN BESCHÄFTIGUNG:

Vielleicht finden Sie es seltsam, dass Sie "wie ein Kind" staunen sollen. Nun, interessanterweise staunt auch so manch ein Naturwissenschaftler über die Schönheit und Harmonie von Naturerscheinungen, die auch er sich nicht erklären kann. Als der Regisseur Rüdiger Sünner für seinen Film "Das kreative Universum" Naturwissenschaftler fragte, ob die Natur eine Künstlerin sei, begannen die Augen der Neurobiologen, Astronomen, Quantenphysiker, Biowissenschaftler, Teilchenphysiker und Molekularbiologen zu leuchten. Sie fingen an, von der unerklärlichen Artenvielfalt zu schwärmen, erzählten von geheimnisvollen Tiefseegeschöpfen und von der überwältigenden Ästhetik von Schneekristallen. Sie berichteten über das Mysterium dieser Naturformen und -erscheinungen mit genau der gleichen Hingabe wie Kinder davon erzählen würden.

☐ EINE EINZIGE ANTWORT IST NIE GENUG

Hier kommen wir zu unserer Rationalität, dazu, wie unsere Logik einer vielfältigen Betrachtungsweise und damit der Kreativität den Weg verstellt.

Wenn wir an einem Teich stehen und zu einem Erwachsenen eine Bemerkung darüber machen, wie sehr doch Wasser spiegelt, wird er entweder darauf antworten, dass dies ja bekannt sei oder, wenn er einer der ganz Klugen ist, wird er gleich die physikalisch logische Begründung dafür liefern: Na klar, das liegt doch daran, dass ... Wir freuen uns über die Erklärung, falls wir sie nicht schon kannten, und haken das Ereignis von da an mit "gewusst" ab.

Wären wir ein Kind, würden wir jedoch weiterfragen, wenn wir nicht schon einen ganzen Schwall von Fragen vorneweg gestellt haben, Fragen wie: Warum ist das so? Wieso kann Wasser ein Spiegel sein? Kann das auch ein Fluss? Wer hat denn diesen Spiegel gemacht? Kann ich den Spiegel anfassen? Funktioniert das auch in der Badewanne? Und so weiter ... Eltern kennen vermutlich solche Fragen.

Anders ausgedrückt: Je älter und rationaler wir werden, umso schneller geben wir uns mit einer einzigen, schlüssigen Erklärung zufrieden. Wir beschränken uns darauf, das Ding oder den Vorgang von da ab mit dieser "Verstandesbrille" zu betrachten. Genau das blockiert Kreativität.

DIE VERSTANDESBRILLE ABLEGEN

Probieren Sie aus, ob Sie eher der pragmatische Typ sind, der lieber gewöhnliche Dinge einmal anders betrachtet, oder eher der tiefsinnige Typ mit Hang zum Philosophischen. In beiden Fällen bedeutet es, sich etwas Bestimmtes genauer und intensiver zu betrachten und sich davon zu lösen, dass das, was man sieht oder weiß, die einzige Variante oder Erklärung ist, die denkbar oder möglich erscheint.

Wenn Sie eher zu den Pragmatikern gehören, könnten Sie Gebrauchsgegenstände betrachten und sich fragen, warum diese gerade so aussehen, warum sie so heißen oder – bei gewissen Gegenständen – warum es sie überhaupt gibt. Sie könnten sich Fragen wie diese stellen: Warum sind Bücher immer nur viereckig und nicht auch rund? Warum heißt ein Tisch "Tisch", wer hat ihm wohl als Erster diesen Namen gegeben und wie kam er gerade auf "Tisch"? Warum gibt es so wenig bunte Häuser? Warum sind die meisten Autos weiß, grau oder schwarz? Würde man nicht in einem orangen, gelben oder gar bunten Auto fröhlicher zur Arbeit fahren? Was wäre, wenn Autos fünf Räder hätten statt vier? Warum trägt man zu Hause Schuhe, obwohl man gut barfuß gehen könnte?

Wenn Sie ein Mensch mit Hang zu Tiefsinnigem sind, könnten Sie sich zum Beispiel an das Fenster stellen und in halb meditativer Betrachtung Vögeln zusehen. Wieso können sie fliegen? Und nein: nicht gleich zur Aerodynamik greifen. Einfach sich überlegen, dass es doch seltsam ist, dass ein Wesen durch die Lüfte schwebt. Sie könnten weitergehen, sich selbst in den Vogel hineinprojizieren, in Gedanken "mitfliegen" und spüren, wie es ist, wie ein Vogel zu fliegen. Oder Sie können sich im Park vor ein Blumenbeet stellen und sich fragen, warum es so viele verschiedene Blumen gibt, woher diese Vielfalt und Pracht kommen mag. Wie kann es sein, dass man so gut wie nie tote Vögel sieht, obwohl jede Stadt bevölkert ist von Spatzen und Tauben. Wohin gehen all diese Vögel, um zu sterben?

Wenn Sie sich stärker herausfordern möchten, dann konfrontieren Sie Ihren Verstand mit der Frage, wo das Universum aufhört, oder damit, was "Zeit" wirklich bedeutet. Setzen Sie sich vor eine große Uhr und fixieren Sie den Sekundenzeiger. Was bedeutet dieses kleine "Ticktack", das wir als eine Sekunde kennen? Wer hat dieses "Tick" als Sekunde definiert und warum?

ICH BEWERTE (PUNKTE VON 0-12)		
MEINE ERSTE BESCHÄFTIGUNG MIT DIESER ÜBUNG MIT:	MEINEN FORTSCHRITT BEI DER ZWEITEN BESCHÄFTIGUNG:	MEINEN FORTSCHRITT BEI DER DRITTEN BESCHÄFTIGUNG:

☐ MAGIE DER FARBEN

Kinder lieben Buntes. Sie lieben, was leuchtet, was fröhlich ist. Nicht von ungefähr sind Spielzeuge und Bonbons kunterbunt, assoziiert man Farbstifte mit kindlicher Begeisterung fürs Ausmalen und Bildermalen. Farbe hat Bedeutung für unsere Psyche. Farbe macht gute Laune, animiert, belebt.

In letzter Zeit sind Ausmalbücher populär geworden, eine spannende "Rückkehr" zu kindlichen Vorlieben. Natürlich läuft es für Erwachsene unter dem Etikett "Entspannung" und nicht als kindliches Spielen. Wenn Sie dies gern tun, heben Sie einmal den Blick aus Ihrem bunten Buch und übertragen Sie die Farben auf Ihr Leben.

FARBEN WIEDERENTDECKEN

Vielleicht lieben Sie Farben ohnehin schon. Vielleicht aber könnte Ihr Umfeld, Ihre Wohnung und warum nicht auch Ihr Büro durchaus noch einen Farbklecks vertragen.

Schauen Sie sich um, wo Sie Ihre gute Laune durch Farbe bestärken könnten. Vielleicht überlegen Sie sich einmal, ob nicht eine schöne große Blume oder ein bunter Schmetterling auf Ihrem Auto Ihnen jeden Tag etwas mehr Freude schenken würde.

ICH BEWERTE (PUNKTE VON 0-12)		
MEINE ERSTE BESCHÄFTIGUNG MIT DIESER ÜBUNG MIT:	MEINEN FORTSCHRITT BEI DER ZWEITEN BESCHÄFTIGUNG:	MEINEN FORTSCHRITT BEI DER DRITTEN BESCHÄFTIGUNG:

⬜ Dingen Leben verleihen

Die Welt kleiner Kinder ist eine Wunderwelt, in der alles zum Leben erwachen kann. Sie unterhalten sich mit der Puppe und füttern den Teddybär, sie hören Tiere sprechen und stellen sich vor, wie Bäume laufen. Eine Decke wird ihnen zum Himmelszelt, ein Schuh zum Auto. Alles hat für sie Leben.

Als Erwachsene "wissen" wir, dass weder Puppe noch Tiere sprechen können, dass Bäume fest verwurzelt sind und eine Wolldecke kein Firmament ist. Nun ja, wir meinen jedenfalls, dies zu wissen. Ich möchte an dieser Stelle weder die Quantenphysik bemühen, nach der alle Materie "lebt", noch die Tierkommunikation ins Spiel bringen, die immer bekannter wird. Denn dies würde erfordern, in wissenschaftlicher wie auch spiritueller Hinsicht weiter auszuholen, hier aber sollen schlicht Anstöße gegeben werden für ein kreativeres Leben, das für jedermann zugänglich sein soll.

Beschränken wir uns also auf das, was Sie aus dieser Wunderwelt der Kinder für sich herüberholen können. Ich möchte Ihnen einen symbolischen Transfer vorschlagen. Tun Sie einmal so, als könnten Dinge sprechen, verleihen Sie ihnen eine Stimme. Ich weiß, dass dies für viele von Ihnen eine seltsam anmutende Übung sein wird, aber versuchen Sie es wenigstens

KREATIVITÄT GEDEIHEN LASSEN

ein einziges Mal, lassen Sie sich darauf ein, Dingen Leben zu verleihen. Vielleicht offenbart Ihnen das ja ungeahnte Einsichten.

DER SPRECHENDE KÜHLSCHRANK

Suchen Sie sich etwas aus, wozu Sie einen stärkeren Bezug verspüren – das Auto, die Wohnung, ein bestimmter Gegenstand ... – oder ein Ding, zu dem SIE schon einmal gesprochen haben, wenn es auch vielleicht nur der PC war, den Sie im Ärger beschimpft haben, oder der Koffer, der schlichtweg nicht zugehen wollte.

Stellen Sie sich vor, der PC oder der Koffer, die Waschmaschine oder das Auto, der Kühlschrank oder Ihr Bücherregal würden zu Ihnen sprechen. Was würden sie sagen?

Wenn Sie es schaffen, sich wirklich darauf einzulassen, werden Sie staunen, was dabei so alles zu Tage treten wird. Vielleicht beschwert der PC sich, dass er nicht genügend Ruhezeit hat, oder das Bücherregal macht Sie darauf aufmerksam, dass Sie es schon lange nicht mehr beachtet haben, und das Auto könnte der Meinung sein, dass es gern mal wieder im Grünen unterwegs wäre.
Probieren Sie es aus. Gönnen Sie sich dieses Spiel. Es wird Ihnen Erkenntnisse über die Dinge geben, mit denen Sie leben, wie auch über sich selbst und Ihre Beziehung zu ihnen. Wenn es Ihnen gefällt, können Sie sogar einen Dialog daraus werden lassen, ganz so wie die Kinder, die sich mit dem Teddybär unterhalten.

Wenn Ihnen das Ganze zu kindlich erscheint, dann lassen Sie sich sagen, dass Ähnliches sogar in der Wirtschaft von ganz seriösen Coaches "gespielt" wird. Suchen Sie sich dann etwas aus Ihrem beruflichen Umfeld aus und verleihen Sie dem eine Stimme – den Produkten, die Sie herstellen oder verkaufen, Ihrem Büro, dem Laden, der Praxis ... Vielleicht beginnen Sie danach, Veränderungen vorzunehmen.

ICH BEWERTE (PUNKTE VON 0-12)		
MEINE ERSTE BESCHÄFTIGUNG MIT DIESER ÜBUNG MIT:	MEINEN FORTSCHRITT BEI DER ZWEITEN BESCHÄFTIGUNG:	MEINEN FORTSCHRITT BEI DER DRITTEN BESCHÄFTIGUNG:

☐ KIPPEN SIE DIE NORMALITÄT

Eine wunderbare Kreativitätsübung ist, sich hypothetische Fragen zu stellen, die angeblich "Normales" gedanklich kippen. Je grundsätzlicher das ist, was in Frage gestellt wird, umso weiter öffnet es den Horizont, denn es zwingt dadurch, sich eine neue Wirklichkeit auszumalen.

Wir sind im Allgemeinen sehr realitätsbezogen und nehmen das, was "ist", als Maßstab für unser Denken und Handeln. Zu oft vergessen wir dabei, dass vieles von dem, was scheinbar unverrückbare Realität ist, menschengemacht ist, was nichts anderes bedeutet, als dass es im Prinzip auch anders sein könnte.

Kreative Menschen denken viel mehr wie Kinder: Sie erlauben es sich, Selbstverständliches in Frage zu stellen. Warum sind Teller rund? Ganz sicher ging der Produktion des ersten viereckigen Tellers genau diese Frage voraus, die sich irgendwer eines Tages stellte: Warum müssen Teller eigentlich rund sein, könnten sie nicht genauso gut eckig sein?
Kreative "zweckentfremden" auch gern, indem sie sich vorstellen, wozu ein Ding – über die gegebene Funktion hinaus – noch gut sein könnte, wie man es anders nutzen könnte, womit man es verbinden oder kombinieren könnte. Diese offenen, ja bisweilen "verrückt" erscheinenden Fragestellungen sind es, die zu Erfindungen und neuen Produkten führen.

Das Profil der Sohlen von Nike-Sportschuhen geht auf die anfangs von Produzenten für "völlig bescheuert" gehaltene Idee des Erfinders Bill Bowerman zurück, wie es wohl wäre, Gummi in ein Waffeleisen zu gießen. Der Erfinder der Computertomographie, Godfrey Hounsfield, hatte die "verrückte Idee", dass es doch möglich sein müsse, in das Innere des Körpers zu sehen, ohne ihn aufzuschneiden. Und der Erste, der auf die Idee eines rollenden Koffers kam, war zwar Kofferhersteller, hatte aber die zündende Idee erst dann, als er an einem Flughafen – beladen mit zwei schweren Koffern, ohne dass irgendwo ein Träger in Sicht war – plötzlich einen Gepäckwagen sah und den Gedanken hatte, Gepäckwagen und Koffer zu vereinen.

Improvisationstalent hat die gleiche Wurzel wie Erfindung: Man zweckentfremdet Dinge auf der Suche nach einer zeitweiligen Lösung. Vieles an der Fähigkeit zur Improvisation geht durch Reichtum und Technologisierung verloren: Wir brauchen uns schlichtweg keine Gedanken mehr zu machen, womit wir etwas ersatzweise reparieren oder wiederherstellen könnten, wenn es für alles und jedes das perfekte Teil oder die perfekte Lösung auf dem Markt gibt. Machen Sie sich den Spaß und tun Sie eine Übung lang einmal so, als gäbe es bestimmte Werkzeuge oder Utensilien nicht.

WOZU EIN SCHUH SONST NOCH GUT SEIN KANN ...?

Sehen Sie sich mit anderen Augen um und stellen Sie Dinge, deren Existenz, Form oder Funktion Sie bisher als gegeben ansahen, in Frage.

Was könnte man mit einem Schuh sonst noch machen, außer darin zu laufen? Dient eine Tasse nur zum Trinken?

Womit können Sie eine Schraube lockern, wenn Sie keinen Schraubenzieher haben? – Und nein! Nicht bei der ersten Idee stehenbleiben, das wäre zu einfach ...

Was kann man alles mit einem mittelgroßen Stein anfangen?

Wie viele verschiedene Verwendungen gäbe es für ein Tuch, das in etwa einen auf zwei Meter groß ist?

Welche Möglichkeiten gibt es, Ihre drei eingefrorenen Pizzen zu retten, wenn plötzlich der Gefrierschrank kaputtgeht?

Welche Lösungen gäbe es dafür, dass Ihre betagte Mutter immer wieder vergisst, abends die Haustür abzuschließen?

Wie können Sie sich am Strand vor der heißen Sonne schützen, wenn Ihnen kein Sonnenschirm zur Verfügung steht?

Wenn Ihnen die Übung Spaß macht (was ich sehr hoffe ...), dann denken Sie sich weitere Beispiele aus!

ICH BEWERTE (PUNKTE VON 0-12)		
MEINE ERSTE BESCHÄFTIGUNG MIT DIESER ÜBUNG MIT:	MEINEN FORTSCHRITT BEI DER ZWEITEN BESCHÄFTIGUNG:	MEINEN FORTSCHRITT BEI DER DRITTEN BESCHÄFTIGUNG:

WAS WÄRE, WENN ES KEINEN KALENDER GÄBE ...?

Haben Sie schon einmal darüber nachgesonnen, wie sehr unser Verständnis von "Alter" davon abhängt, dass es Kalender gibt? Wenn Sie nicht sagen könnten, wie alt Sie sind, weil Sie in einem Zeitalter oder in einer Kultur geboren worden wären, die keinen Kalender kennt, wie wäre es dann für Sie? Ich wage es vorwegzunehmen: Sie würden sich so verhalten, als seien Sie um einiges jünger. Forschungen zum Alter haben ergeben, dass die meisten

Menschen sich im Schnitt ca. 15 Jahre jünger fühlen, als sie sind, dass sie es aber nicht wagen, sich in der Gesellschaft so zu sehen, da diese nach dem Geburtsjahr oder dem rein Äußeren geht und nicht nach dem Empfinden des Einzelnen. Da in unserem Fall aber auch Ihre Umwelt nicht wüsste, wie alt Sie sind, würde man Sie erst dann als älter oder alt einschätzen, wenn Sie auch so wirkten. Jung Gebliebene hätten somit in einer Welt ohne Kalender mehr Freiheiten und mehr Chancen, so zu sein, wie Sie sich selbst empfinden.

Wenn es Ihnen Spaß macht, dann denken Sie sich in so eine kalenderlose Zeit hinein. Wie würden Sie sich in bestimmten Situationen fühlen oder verhalten? Was würden Sie anders machen?

ICH BEWERTE (Punkte von 0-12)		
MEINE ERSTE BESCHÄFTIGUNG MIT DIESER ÜBUNG MIT:	MEINEN FORTSCHRITT BEI DER ZWEITEN BESCHÄFTIGUNG:	MEINEN FORTSCHRITT BEI DER DRITTEN BESCHÄFTIGUNG:

WAS WÄRE, WENN SIE EINEN TAG LANG FLIEGEN KÖNNTEN ...?

Möglicherweise schütteln Sie jetzt den Kopf über solch seltsame oder gar unsinnig klingende Ideen. Gestatten Sie es sich doch, wenigstens für kurze Zeit aus der Realität auszubrechen! Was würden Sie tun, wenn Sie fliegen könnten, wenn Sie also wie ein Vogel in kurzer Zeit überallhin gelangen könnten – oder mehr noch, wenn Sie sich in Sekundenschnelle durch die Lüfte bewegen könnten?

Würden Sie bei den Eskimos vorbeischauen, in Kenia auf einer Giraffe reiten oder sich die Welt vom Gipfel des Himalaya ansehen? Oder reizte es Sie mehr, Schabernack zu treiben, bei Menschen im 15. Stock eines Hochhauses durchs Fenster zu sehen, einem Chefkoch das kunstvoll angerichtete Stück Fleisch vom Teller wegzuschnappen oder gar ein Liebespaar im Park zu überraschen? Vielleicht wären Sie aber auch der risikobereite Typ, der den Kick erleben möchte, einmal einem Grizzlybär gegenüberzustehen oder der einen Kriegsschauplatz aufsuchen würde, im Wissen, dass schnelle Flucht problemlos möglich ist?

Bauen Sie die Phantasie aus: Sehen Sie sich als besonders klein oder besonders groß, verkleiden Sie sich, nehmen Sie eine andere Form an, fliegen Sie in der Zeit zurück oder in die Zukunft voraus.

Je länger Sie sich bei diesen Phantasiereisen aufhalten können und je mehr Spaß es Ihnen macht, umso näher sind Sie bereits an die Kreativität herangekommen.

☐ KREATIVES LEBEN DURCH DIE KRAFT DER TRÄUME

Wir nähern uns dem Ende dieses Buches. Der Weg durch die verschiedenen Kapitel hat Ihnen gezeigt, wie Sie zu einem kreativen Leben gelangen können, indem Sie Hindernisse abbauen, sich neuen Gedanken öffnen und das Experimentieren wagen. Die letzten Übungen führten Sie immer weiter weg von der sogenannten "Normalität", von der Realität, wie wir sie gemeinhin kennen. Lebendige Materie, sprechende Tiere oder Phantasiereisen gehören für die meisten Menschen, wie es schon das Wort Phantasiereisen ausdrückt, zu einer Art Traumwelt, die es nicht gibt. In Wirklichkeit aber ist jene "andere" Welt des Sehens, Erlebens, Fühlens und Entdeckens nichts weiter als eine *zweite* Realität, nur eben eine, die wir aus unserem Leben weitgehend ausgeschlossen haben. Künstler, Erfinder, Visionäre und Rebellen haben sich jedoch, jeder auf seine Weise, einen Zugang zu dieser anderen Welt bewahrt. Die einen suchen sie ganz bewusst, den anderen "fällt sie zu". In jedem Fall aber ist es nötig, dass eine Aufnahmebereitschaft dafür gegeben ist, dass sich diese andere Welt offenbaren kann. Visionäre und Rebellen träumen von einer Welt, in der alles besser, schöner, humaner, ehrlicher ist. Künstler suchen das noch nie Dagewesene und Erfinder wollen Probleme lösen, die bis dahin niemand hat lösen können.

Sie alle wollen etwas, das anderen unmöglich erscheint. Und sie finden es, weil sie daran glauben und weil sie sich von ihren Tagträumen oder Eingebungen inspirieren lassen. Der Durchbruch bei so manchen großen Erfindungen war oft einem Geistesblitz oder einem Zufall zu verdanken. Bekannt sind auch die guten Ideen, die wir plötzlich "unter der Dusche" haben, beim Umgraben des Blumenbeetes oder wenn man gerade "gedankenlos" durchs Fenster blickt. Gerade dieses "gedankenlos" ist es, was es der Eingebung ermöglicht, sich zu zeigen. Spirituelle Weisheitslehrer, wie der Inder Deepak Chopra, nennen es "the gap in between", die Lücke zwischen den Gedanken. Bei mir zum Beispiel offenbart sich diese Lücke, wenn ich zu Bett gehe. Ich habe mein Tagwerk beendet, den PC ausgemacht und beschlossen, alle weiteren Probleme am nächsten Tag zu lösen. Doch dann, wenn ich im Bett liege und mich auf das Schlafen eingestellt habe, kommen mir unzählige Ideen. In dieser Hinsicht schätze ich den positiven Nutzen des technologischen Fortschritts, der es mir dank eines Smartphones, das seitdem neben meinem Bett liegt, erlaubt, schnell und problemlos kleine Notizen auch im Dunkeln zu schreiben.

Eingebungen kommen selten grundlos, meistens hat man sich davor über längere Zeit mit einem bestimmten Problem beschäftigt oder hat eine Lösung gesucht. Es heißt, dass der Name des IT-Unternehmens *Apple* darauf zurückgeht, dass dem Gründer Steve Jobs ein Apfel auf den Kopf fiel, als er gerade unter einem Baum saß und über sein Unternehmen nachdachte.
Doch Sie müssen nicht darauf warten, dass Ihnen ein Apfel auf den Kopf fällt, Sie können kreativen Eingebungen auch

ganz bewusst den Weg ebnen. Einer dieser Wege ist das Träumen. Als ich vor vielen Jahren im westafrikanischen Togo arbeitete, gab es in unserer Stadt einen Motorradmechaniker, der einen ausgezeichneten Ruf hatte, so dass alle Ausländer ihre teuren Maschinen zu ihm brachten. Einmal, als er gerade mein Motorrad reparierte, fragte ich ihn, was es ausmache, dass er so gute Arbeit leiste. Er erwiderte, dass er sich immer dann, wenn er keine Lösung für ein bestimmtes Problem findet, auf seine Träume verlasse, die ihm früher oder später die Lösung zeigten.

Träume sind eine wunderbare Quelle der Inspiration – Sie können spannende Fingerzeige darin entdecken, Lösungen finden und kreative Impulse erhalten, ja sogar ganz bewusst in "anderen Welten" unterwegs sein. Doch nicht umsonst erscheinen die Träume erst am Ende dieses Buches, denn Traumarbeit erfordert viel Bewusstheit und viel Übung. Man muss an die Weisheit von Träumen glauben und sie richtiggehend dazu einladen, diese zu offenbaren. Dann werden sie es auch tun. *Kreative* Träume muss man vielleicht sehr gezielt wünschen und verfolgen, Problemlösungen oder Gefahren zeigen sie uns gern auch ungefragt. Dass ich hier sitzen und an diesem Buch schreiben kann, habe ich einem Traum zu verdanken, der mich einmal mit drastischen Mitteln warnte und mir so das Leben rettete.

Wenn Sie es schaffen, mit Träumen zu arbeiten, gehören Sie schon zu den Fortgeschrittenen. An dieser Stelle kann ich Ihnen nur eine Art "Appetithappen" anbieten, eine Einstimmung zum Thema für all jene, die sich bisher noch nie oder kaum mit dem Thema Träumen befasst haben.

EINSTIMMUNG AUF DIE WUNDERWELT DER TRÄUME

Wenn Sie sich bisher noch nie oder kaum mit Träumen befasst haben, wäre es ein idealer Beginn, sich ein gutes Buch zu besorgen (bitte kein "Nachschlagewerk" zur Traumdeutung). Richten Sie dann Ihre Aufmerksamkeit darauf, immer öfter und immer mehr träumen zu wollen. Wenn Sie dies wirklich wünschen, wird es eintreten. Sie können es beschleunigen, indem Sie versuchen, Träume, an die Sie sich erinnern, aufzuschreiben.

Dann können Sie ausprobieren, zu etwas ganz Bestimmtem in Ihrem Leben, z. B. zu einem Problem, einem Vorhaben oder einem Herzenswunsch, Hinweise zu bekommen. Bleiben Sie einfach hartnäckig bei diesem Wunsch, auch wenn sich anfangs nichts in Ihren Träumen tut, was Sie damit in Verbindung bringen können.

Eines Tages werden Sie etwas träumen, das sich so anfühlt, als ob es eine Antwort geben wollte, aber Sie werden vermutlich viele Details darin nicht zu einem Ganzen zusammenfügen können. Das liegt daran, dass Träume Symbolik verwenden. Sie müssen diese Symbole für sich deuten.

Traumdeutungsbücher, die das an Ihrer Stelle tun, indem sie Ihnen sagen, wofür eine Birne, ein Hund oder ein Auto stehen (können), mögen interessant sein, doch es geht um *Ihre* Innenwelt, nicht um das, wie andere es gesehen haben – und seien sie auch noch so bekannt wie Sigmund Freud. Sie müssen herausfinden, was die Birne, der Hund oder das Auto in *Ihrem* Leben *für Sie* bedeuten. Dann kommen Sie der Aussage Ihres Traumes auf die Spur.

Ich wünsche Ihnen viel Spaß und viel Erfolg bei dieser spannenden Traumsuche! Und vor allem: Bleiben Sie hartnäckig dabei, es finden zu wollen, nur so wird es tatsächlich zu Ihnen kommen.

ICH BEWERTE (PUNKTE VON 0-12)		
MEINE ERSTE BESCHÄFTIGUNG MIT DIESER ÜBUNG MIT:	MEINEN FORTSCHRITT BEI DER ZWEITEN BESCHÄFTIGUNG:	MEINEN FORTSCHRITT BEI DER DRITTEN BESCHÄFTIGUNG:

Rebellieren Sie – gegen Ihr eigenes Denken vom Alter …

Kreativität lebt von der Freiheit des Geistes. Wer seinen Geist einkerkert, wird schwerlich kreativ werden können. Diese "Freiheit" schimmerte aus allen Themen, Beispielen und Übungen hervor, die wir in diesem Buch behandelt haben, ob es darum ging, sich von Gewohnheiten oder aus technologischer Sklaverei zu befreien, etwas anders zu machen, Neues zu wagen, Wirklichkeit wahrzunehmen, die Gedankenwelt zu öffnen oder andere Menschen in sein Leben zu lassen.

Da es mir ein besonderes Anliegen ist, Menschen dazu zu ermutigen, auch – und insbesondere – das Alter anders zu sehen, und zwar komplett anders, möchte ich dieses Schlusskapitel gezielt noch einmal diesem Lebensbereich widmen.

Wie viele Leserinnen und Leser bereits wissen, habe ich in meinen beiden Büchern zum Alter hunderte Vorbilder zusammentragen können von dynamischen, erfüllt lebenden alten Menschen, wohlgemerkt nicht etwa von Sechzigjährigen, sondern von Achtzig- bis über Hundertjährigen, die alle mit ihren Lebensmodellen "aus der Norm fallen". Darunter sind auch Menschen, die der angeblichen "Realität", dass man im Alter immer kränker werde, nicht nur getrotzt haben, sondern diese auf den Kopf stellten, indem sie im Alter viel gesünder wurden als in jüngeren Jahren.

Ich bin zutiefst davon überzeugt, dass die geltende Sichtweise von Alter unser Leben beschneidet, Entwicklung blockiert und das *wahre Wesen* des Menschen als einer sich auf Erden vervollkommnenden Seele komplett ignoriert.
Meine Intention ist deshalb, nicht nur zu zeigen, dass Alter "irgendwie auch anders gehen kann", ich möchte mit meinen Büchern zu einer *tiefgreifend anderen Sichtweise* aufrufen, die die geltende Logik umkehrt und das traurige "Los" eines Abwärts in ein visionäres, inspiriertes Aufwärts verwandelt. Dieses Konzept, das gesellschaftliches Denken (wie auch unser eigenes) radikal herausfordert, ruht für mich in einer spirituellen Wirklichkeit.
Menschen, die sich in ihrem Leben an etwas Höherem orientieren, wie auch jene, die einen rebellisch freien Geist haben, erspüren die Tragweite, die hinter dem steckt, was anderen nur als "interessante Ansicht" zum Alter erscheinen mag. Einmal erhielt ich einen Leserbrief, der sehr kurz war, dessen Aussage mich jedoch tief berührte. Ein sehr belesener Herr schrieb mir: "Ihr Buch *Leben wagen bis ins hohe Alter* ist eine wahre Revolution!"

Passend zur Kreativität, die gern "andere Wege" geht und Dinge bisweilen auch skurril verkleiden kann, möchte ich diese radikale Umkehrung zur Sicht des Alters in einem spielerischen Szenario angehen, das die Vorstellungskraft ein wenig herausfordert:
Ich möchte Sie dazu aufrufen, gegen sich selbst zu rebellieren.

AUFRUF ZUM "ZIVILEN UNGEHORSAM"

Zivilen Ungehorsam kennen Sie aus Politik und Staatsrecht. Er wird definiert als ein "aus Gewissensgründen vollzogener, bewusster Verstoß gegen rechtliche Normen, die als Unrecht wahrgenommen werden".

Nehmen wir einmal spaßeshalber an, Sie könnten die Idee auf sich selbst übertragen und sozusagen zivilen Ungehorsam gegen sich selbst bzw. gegen Ihr eigenes Denken üben, das Ihnen "unrechte Normen" aufzwingt. Dann wären Sie als Individuum der Bürger, Ihr Kopf wäre die Gesellschaft und Ihr Denken brächte die Norm hervor.

Und was sagt Ihnen diese Norm? Sie sagt Ihnen: Das Leben ist eine Abwärtskurve, da können Sie nichts, aber auch gar nichts dagegen tun: Mit 60 beginnen die Wehwehchen; mit 70 sind Sie draußen aus einem nützlichen Dasein für die Gesellschaft; mit 80 kommen die ersten ernsthaften Gebrechen; mit 85 beginnt Ihr Verstand nachzulassen; mit 90 können Sie froh sein, wenn Sie nicht wie andere schon seit zehn Jahren im Heim leben; mit 95 sieht man Sie, egal in welchem Zustand Sie sich befinden, als "Überlebenden" an, und falls Sie tatsächlich 100 werden sollten, gehören

Sie zu jener exotischen Spezies, die der liebe Gott vergessen hat zu holen.

Das ist die Norm der Gesellschaft – und es ist auch *Ihre* Norm, die Sie als "braver Staatsbürger in Ihrem Denksystem" bislang als solche akzeptiert haben. Sie akzeptieren, dass man Sie und Ihr Leben in zwei Teile kappt: die erste Hälfte bis maximal sechzig, in der Ihr Leben irgendwie noch aufwärts zu gehen scheint, und die zweite Hälfte danach, in der es nur noch Minuszeichen gibt. Es ist an der Zeit, dass Sie sich gegen diese Norm auflehnen, denn es ist eine *Un-Norm*, so wie das, wogegen sich ziviler Ungehorsam auflehnt, Un-Recht ist.

"Aber in der Realität ist es doch so", höre ich Sie zaghaft einwenden. "Auch wenn ich im Alter anders leben möchte ... Man sieht doch die vielen alten, kranken Menschen um einen herum. Wie kann ich mich gegen REALITÄT auflehnen?" Dann sind also Abbau, Krankheit und Verfall Realität? Die einzige Realität? Oder stellen sie vielleicht nur *eine* Realität dar, neben der es eine zweite geben kann, nämlich die Realität jener, die Alter ganz anders leben – diese zweite Realität, die auch IHRE sein könnte?

Ihr Denken lässt sich von der allgemeinen Meinung und dem, was Sie sehen, einschüchtern. Verstehen Sie aber auch, dass Ihr Denken im Laufe des Lebens zu einem Diktator geworden ist, der Ihnen permanent vorgibt, was Sie zu glauben haben, der Ihnen sagt, woran Sie sich orientieren müssen, und der Ihnen keine andere Realität zeigt als Abbau und Verfall. Ihr Diktator tut so, als sei dies die einzige Realität, lässt Sie glauben, dass diese allgemeingültig sei, ja, dass sie gar ein "Naturgesetz" sei.

Denken Sie nach! Was bedeutet Naturgesetz? Es bedeutet, dass es keine Ausnahmen geben kann, denn das haben Naturgesetze so an sich. Es gibt aber Ausnahmen und zwar so viele, dass man sie schon gar nicht mehr Ausnahmen nennen kann.

Ihr Diktator wird Ihnen aber immer sagen, dass es diese Ausnahmen in Wirklichkeit nicht gibt, und wenn, dass Sie es ohnehin niemals schaffen würden dazuzugehören. Er hält Ihnen vor, dass der Glaube an die Kraft des Geistes Humbug sei, sagt Ihnen, dass Sie sich nur etwas vormachen, dass es eine Illusion sei zu glauben, Sie könnten dem Alter entfliehen. Ihr Diktator wird Sie immer nur entmutigen und kleinhalten.

Hören Sie auf, diesen Un-Normen zu gehorchen, rebellieren Sie gegen Ihren Diktator, entmachten Sie ihn! Setzen Sie andere an seine Stelle – Positivdenker, Weisheitslehrer, spirituelle Meister und all die wunderbaren Vorbilder, die genau das leben, was Ihr Diktator Ihnen als "nicht existent" verkauft. Damit werden Sie in den wahren Fluss des Lebens kommen. Einen Fluss kann man nicht durchschneiden, genauso wie man Ihr Leben nicht am 60. Geburtstag durchtrennen kann, um eine "imaginäre zweite Phase" einzuleiten, die Gott weiß wer erfunden hat.

Es geht in Wirklichkeit nicht um Alter – es geht um LEBEN, um IHR Leben, das danach strebt, sich bis zum letzten Tag auf dieser Erde weiterzuentwickeln, das kontinuierlich wachsen und sich vervollkommnen will.

GEBEN SIE IHREM LEBEN DIESE CHANCE.

Ich BEWERTE (Punkte von 0-12)		
Meine erste Beschäftigung mit dieser Übung mit:	Meinen Fortschritt bei der zweiten Beschäftigung:	Meinen Fortschritt bei der dritten Beschäftigung:

ERSCHAFFEN SIE SICH IHR WUNSCHKONZERT AN LEBENSKREATIVITÄT

Wir wissen nun: Kreativität ist Vielfalt, sie braucht deshalb einen Geist, der frei schweifen kann, um Alternativen zu erkunden, andere Möglichkeiten auszuloten, neue Wege zu finden. Wenn wir folglich in unserem Leben kreativer werden wollen, gilt es, offener, flexibler, neugieriger und wagemutiger zu werden. Das wird für jeden und jede anders aussehen, den einen wird es viel kosten, anderen wird es vielleicht überhaupt nicht schwerfallen. Es kann auch sein, dass man in dem einen Lebensbereich weiter ist als in einem anderen.

Jedem aber, der sich heute nicht bereits für ausgesprochen kreativ hält, dies aber gern werden möchte, lege ich ans Herz dabeizubleiben. Dabeibleiben heißt zum einen, sich, so wie bereits eingangs empfohlen, mehr als einmal mit diesem Buch bzw. den Übungen zu beschäftigen. Zum anderen bedeutet es, dass man sich auf jeden Fall etwas aus diesem Buch aussuchen sollte, das man sich langfristig als Ziel setzt – und dass man dies weiter bewusst übt.

Ja, es hört sich ein wenig nach Arbeit an, weil wir "üben" mit Anstrengung verbinden. Ich aber würde sagen, die Arbeit liegt eher darin, den *Vorsatz einzuhalten*, sich mit diesen Dingen zu beschäftigen. Hierzu ein kleines, recht passendes Erlebnis. Als Studentin wohnte ich einmal einem Vortrag von Hugo Enomiya-Lassalle bei. Lassalle war Jesuit und Zen-Meister, als Wegbereiter hat er Zen-Buddhismus und Christentum einander nähergebracht. Am Ende des Vortrages ging ich zu ihm und bat ihn, für mich eine Widmung in sein Buch "Zen, Weg zur Erleuchtung" zu schreiben. Ich war sehr aufgeregt, einem so großen und erleuchteten Mann gegenüberzustehen, und erwartete mir eine tiefgründige Widmung. Wie enttäuscht war ich dann aber, als ich seine Worte las. "Die Ausdauer ist das Geheimnis des Erfolges im Zen", stand da nur. Etwas Platteres und Langweiligeres konnte ich mir damals kaum vorstellen. Viele Jahre später, als ich begann, mich intensiver mit der Kreativität zu beschäftigen, begegnete ich diesem Ausspruch in anderer Form erneut: "Genie ist Ausdauer!" Der Mann, der diesen Ausspruch tat? Der große Erfinder Thomas Edison, der uns das Licht – sprich: die Glühlampe – bescherte. Nach und nach begann ich, Bedeutung und Tragweite dieser Worte zu begreifen: Nichts wird einem gelingen, vor allem keine grundlegenden Veränderungen, wenn man nicht in der Lage ist "dabeizubleiben".

Das Ziel, kreativer zu werden, heißt in jedem Fall Veränderung. Kaum eine Veränderung findet sofort oder gar plötzlich statt, sondern verlangt nach wiederholter Beschäftigung. Dabeibleiben heißt: sich immer wieder daran erinnern, es erneut üben, die (alten) Gewohnheiten checken, ob sie schon verbannt sind oder ob sie sich nicht doch wieder eingeschlichen haben. Gerade Gewohnheiten haben es an sich, uns umgehend wieder einzuholen, sobald wir unsere Aufmerksamkeit abgezogen haben.

Das Buch ist also mit Hinblick auf ein kreativeres Leben wie eine Art Präludium zu einem Wunschkonzert. Es ist die Einleitung. Danach folgen die ersten zaghaften Musikstücke, wenn wir entdecken, worin wir in unserem Leben kreativer werden können. Diese ersten Musikstücke erscheinen wie von einzelnen Instrumenten gespielt, wie verschiedene Soli – hier die Flöte in Bezug auf Kleidung, dort die Geige, wenn es um das Essen geht, und dazwischen der Kontrabass, der unsere Gedanken wiedergibt. Alles ab und an übertönt von der Klarinette, die davon kündet, wo wir neu zu sehen gelernt haben.

Das Meisterwerk liegt nun darin, diese Instrumente zu Ihrem eigenen wunderbaren Orchester, einer "dauerhaft integrierten Lebenskreativität" zusammenzuführen – die Soli ausbauen und verfeinern, fehlende Instrumente dazu holen, ein Ganzes komponieren und sich so lange darin üben, bis dieses Orchester von alleine spielt und uns trägt.

Ideal wäre es, wenn Sie über ein Jahr hinweg die spannendsten Erfolge im 12-Monatskalender eintragen würden, den Sie am Ende des Buches finden. Dieses Vorhaben, das eher ein Ansporn sein sollte als eine "Aufgabe", dient Ihnen als Anker. Wenn Sie ein Jahr dabeibleiben, garantiere ich Ihnen, dass sich sehr viel in Ihrem Leben ändern wird.

Das können Sie auch dadurch fördern, dass Sie sich, bevor Sie dieses Buch endgültig aus der Hand legen, drei Bereiche aussuchen, in denen Sie *konkret* üben wollen, kreativer zu werden – also drei Bereiche, mit denen Sie sich auf jeden Fall eine gewisse Zeit lang im Denken und Tun befassen wollen. Ob Sie sich eher etwas Leichtes oder etwas Schwieriges aussuchen, das Spielerische oder das Ernste, liegt ganz bei Ihnen und wird dem folgen, was Sie sich für Ihr Leben wünschen.

Kreativität wird Ihr Leben in jedem Fall bereichern. Aber vielleicht entdecken Sie im Laufe der Zeit, da Sie in Ihrem eigenen Leben kreativer werden, dass auch die Welt auf neue Ideen wartet. Ob in der Politik oder der Wirtschaft, in der Ökologie oder im Tierschutz, im Sozialwesen oder bei der Armutsbekämpfung – wir brauchen dringend neue Ideen zur Problemlösung in vielen Lebensbereichen. Kreativität hat auch eine soziale Dimension.

Lassen Sie sich inspirieren und helfen Sie mit! Verwandeln Sie Ihr eigenes Leben in ein wunderbares, sich immer wieder neu erschaffendes Dasein, und helfen Sie dadurch auch mit, diese Welt ein Stückchen menschlicher, friedvoller und würdiger zu gestalten.

Die Übungen aus diesem Buch

Übung	Erste Bewertung	Zweite Bewertung	Dritte Bewertung
THEMA: DER ROUTINE AUF DIE SPUR KOMMEN			
Was ich immer (genau so) mache ...			
"Abschied auf Zeit" von einer Gewohnheit			
Der Kleider-Check			
Zu welchen Farben greife ich ...?			
Mein Speisezettel			
Diesmal nicht dasselbe			
Heute mal afrikanisch?			
Sizilien statt Tirol			
Hat *anderes* noch Zugang zu meinem Leben?			
Noch bewusste Entscheidung oder schon Routine?			

Übung	Erste Bewertung	Zweite Bewertung	Dritte Bewertung
THEMA: LASTEN ABWERFEN			
Energetischer Hausputz			
Ich teste meine Höflichkeit			
Urlaub von Handy und Smartphone			
Eine andere Zugfahrt			
Wie handhabe ich "verpatzte" Pläne?			
Haben Sie manchmal schon geahnt, dass Ihr Vorhaben schiefgehen würde?			
THEMA: WAGNIS – DAS SALZ IN DER SUPPE KREATIVER MENSCHEN			
Große Ängste besiegen Sie dadurch, dass Sie es mit den kleinen aufnehmen			
Was ist für Sie Wagnis?			
Verkleiden Sie Ihre Misserfolge			

Übung	Erste Bewertung	Zweite Bewertung	Dritte Bewertung
Thema: Neu sehen, neu spüren, neu erfahren			
Wahrnehmen statt nur sehen			
Wenn ich eine Giraffe (Fledermaus, Schnecke, Ameise) wäre ...			
Was könnte ich andersherum ausprobieren?			
Das mach ich doch mit links ...			
Was die linke Hand noch so alles zu Tage bringen kann			
Was auch ganz anders sein kann im Leben			
Es ist doch ganz anders, als es aussieht!			
Schätze an "sinnlicher Wahrnehmung"			
Ein Tast-Spaziergang durch Ihre Wohnung			
Das "Nachtgewand" verbannen und sich selbst neu spüren			

Übung	Erste Bewertung	Zweite Bewertung	Dritte Bewertung
Bist du noch der, der du einmal warst?			
THEMA: NEU DENKEN			
Das andere Ende der Welt			
Bringen Sie Ihren "Menschen-Zensor" ab und zu zum Schweigen			
Ich schlüpfe in deine Haut			
Wovon lasse ich mich inspirieren?			
Betrachten Sie Ihr Gehirn nicht als Automaten			
Unken Sie nicht mit!			
Mit 50 schöner als mit 30, mit 80 gesünder als mit 60			
Das Prinzip der hundert Kerzen			
Ich will kein Junkfood mehr			
Zutritt verboten!			

Übung	Erste Bewertung	Zweite Bewertung	Dritte Bewertung
Gedankenmüll entsorgen			
THEMA: KREATIVITÄT GEDEIHEN LASSEN			
Staunen wie ein Kind			
Die Verstandesbrille ablegen			
Farben wiederentdecken			
Der sprechende Kühlschrank			
Wozu ein Schuh sonst noch gut sein kann ...?			
Was wäre, wenn es keinen Kalender gäbe ...?			
Was wäre, wenn Sie einen Tag lang fliegen könnten ...?			
Einstimmung auf die Wunderwelt der Träume			
THEMA: REBELLIERE – GEGEN DEIN EIGENES DENKEN VOM ALLTAG			
Aufruf zum "zivilen Ungehorsam"			

Quellennachweis und Buchempfehlungen

Kreatives Alter

Baier-D'Orazio, Maria: *Leben wagen bis ins hohe Alter*, Frickverlag 2012

Baier-D'Orazio, Maria: *Vom Vergnügen, älter zu werden*, Silberschnur 2016

Drake, Tim, Middleton, Chris: *You can be as young as you think*, Pearson Prentice Hall Live 2009

Langer, Ellen: *Counterclockwise* (deutsche Übersetzung: Die Uhr zurückdrehen, Junfermann 2011)

Der innere Weg zu schöpferischem Leben

Baier-D'Orazio, Maria: *Auf der Suche nach Nimbao*, Frickverlag 2007

Bünker, Öser D.: *Die Güte des Meisters wiegt mehr als ein Berg*, Herder 1998

Cameron, Julia: *Der Weg des Künstlers – Ein spiritueller Pfad zur Aktivierung unserer Kreativität*, Knaur 1996 (Neuauflagen bis 2009)

Enomiya-Lassale S. J., H. M.: *Zen – Weg zur Erleuchtung*, Herder 1973

Garfiekd, Patricia: *Frauen träumen anders*, Scherz 1989

Garfiekd, Patricia: *Kreativ träumen*, Ansata 1993

Goleman, Daniel: *Kreativität entdecken*, dtv 1999

Anders sehen, anders denken

Dürr, Hans-Peter: *Warum es ums Ganze geht – Neues Denken für eine Welt im Umbruch*, Fischer 2012

Lindenberg, Wladimir: *Die Menschheit betet*, Ernst Reinhardt Verlag München 1973

Markides, Kyriacos C.: *Der Magus von Strovolos*, Knaur 1988 (Neuauflagen bis 2011)

Zittlau, Jörg: *Warum Robben kein Blau sehen und Elche ins Altersheim gehen*, Ullstein 2008

Sünner, Rüdiger: *Das kreative Universum*, Naturwissenschaft und Spiritualität im Dialog, DVD, Atalante-Filmproduktion 2010

Kreativitätstechniken

Bellenger, Lionel; Sève, Marie-Madeleine: *Boostez votre créativité*, Management Les Guides, esf, éditeur 2007

De Bono, Edward: *Serious creativity*, HarperCollinsBusiness 1995

De Bono, Edward: *Serious creativity – Die Entwicklung neuer Ideen durch die Kraft lateralen Denkens*, Schäffer-Poeschel Verlag 1996

De Bono, Edward: *How to have creative ideas*, Vermilion London 2007

Kirst, Werner; Diekmeyer, Ulrich: *Creativitätstraining*, rororo 1974

Michalko, Michael: *Erfolgsgeheimnis Kreativität*, mvg Verlag 2001

Nöllke, Matthias: *Kreativitätstechniken*, STS-Verlag 1998

Über die Autorin

Auf konventionelle Lebensmuster verzichtend, hat Maria G. Baier-D'Orazio ihr halbes Leben auf anderen Kontinenten und in fremden Kulturen zugebracht. Das spiegelt sich in ihren Büchern wider, mit denen sie dazu ermutigen will, nach der ureigenen Identität in sich zu suchen, diese authentisch zu leben und Veränderung zu wagen – zum eigenen Wohl wie zum Wohle der Menschheit.

Wer sein eigenes Leben aus der Tiefe heraus authentisch gestaltet, verändert damit sein Umfeld und letztlich auch die Gesellschaft. Somit ist jeder ein bedeutendes Puzzleteil für eine bessere Welt. Dafür tritt die Autorin und international tätige Beraterin mit Leidenschaft ein: mehr Herz in diese Welt zu bringen, mehr kreative Lösungen, mehr couragiertes Handeln.

Dass man Mut erlernen und sich zum kreativen Querdenker entwickeln kann, zeigt sie an ihrem eigenen Leben. Anstatt sich nach ihrem Studium für eine gut bezahlte, sichere Karriere zu entscheiden, folgte sie einem Wunsch aus der Tiefe, der sie in die Ferne und ins Unbekannte führte. Sie lebte und arbeitete viele Jahre in Südamerika und in Afrika. Als freiberufliche Expertin für berufliche Bildung berät sie heute weltweit Projekte der Entwicklungszusammenarbeit, gibt Impulse für kreative Lösungen, ermutigt dazu, Parameter umzukehren und neue Wege zu gehen.

Die langjährige, intensive Begegnung mit fremden Kulturen führte auch zu ihrem Engagement, Denkmuster und Vorurteile verschiedenster Art aufzubrechen. Ihr erster Afrikaaufenthalt inspirierte sie zum Buch *Auf der Suche nach Nimbao*, ein zeitloser Roman mit märchenhaften Zügen über die Begegnung mit dem Andersartigen. Südamerika war der Nährboden für ihren sozialkritischen Roman *Abenteuer Liebe*, in dem es um das Wachsen an einer schwierigen interkulturellen Beziehung geht. Zu echter Parameterumkehr in Bezug auf die Sichtweise von Alter inspirieren ihre beiden Werke *Leben wagen bis ins hohe Alter* und *Vom Vergnügen, älter zu werden*, die mit Stereotypen und Negativsichten über das Alter gründlich aufräumen.

Die Maxime der Autorin für ein glückliches Leben: An sich selbst glauben, Risiken nicht scheuen und gängige Sichtweisen gelegentlich auch mal auf den Kopf stellen.

✱✱✱

Feedback zum Buch? Die Autorin freut sich über Berichte von interessanten Erfahrungen, die Sie mit diesem Buch und den darin enthaltenen Übungen gemacht haben, und beantwortet gern auch Fragen!

Kontaktmöglichkeit über ihre Homepage, die Autorenseite auf Facebook oder über das Netzwerk Xing.

www.baier-dorazio.de

www.facebook.com/baierdorazio.autorin

www.xing.com

www.consult-and-write.com

Weiterführende Informationen zu
Büchern, Autoren und den Aktivitäten
des Silberschnur Verlages erhalten Sie unter:
www.silberschnur.de

Natürlich können Sie uns auch gerne den
Antwort-Coupon aus dem beiliegenden
Lesezeichenflyer zusenden.

Ihr Interesse wird belohnt!

240 Seiten, broschiert
ISBN 978-3-89845-502-2
€ [D] 16,95

Maria G. Baier-D'Orazio

Vom Vergnügen älter zu werden
Fit, frech, fröhlich, frei das Leben genießen

Fit, frech, fröhlich, frei in jedem Alter – das ist kein Traum. Denn ein lebendiges Alter ist möglich – und auch Sie können das erreichen.
Wie? Indem Sie mit Leidenschaft Ihr Leben gestalten, anstatt das Älterwerden einfach nur zu »überstehen«, denn dann werden Sie viel müheloser durch jedes Alter gehen.
Dieses Buch hilft Ihnen dabei, hinderliche Denkmuster zum Alter abzubauen und daran zu glauben, dass Älterwerden ganz anders gehen kann. Legen Sie los und freuen Sie sich auf ein spannendes, authentisches Leben!

192 Seiten, 2-farbig, broschiert
ISBN 978-3-89845-527-5
€ [D] 14,95

Jessica Lütge

Liebe deine Kreativität
Lass den Künstler in dir lächeln

Jeder Mensch ist kreativ und hat einen inneren Künstler – doch wann hast du ihm zuletzt Zeit, Raum und Vertrauen geschenkt? Gemeinsam mit Jessica Lütge begibst du dich auf eine Reise zu dir selbst, auf der du deinem inneren Künstler begegnest. Er eröffnet dir neue Perspektiven und führt dich in farbenfrohe Landschaften deines Inneren, wo du dich immer besser selbst spüren wirst.
Finde deine eigene Kreativität, die auch in dir schlummert und die für den Alltag so bereichernd sein kann. Dein innerer Künstler kann endlich zur vollen Blüte erwachen – freu dich auf ihn!

120 Seiten, 2-fbg., broschiert
ISBN 978-3-89845-452-0
€ [D] 12,95

Silke Gramer-Rottler

Was uns alle trägt
Die Kraft des Urvertrauens in einer reizüberfluteten Welt

Der Weg zur Leichtigkeit des Seins!
Wir leben in einer schnelllebigen Welt, in der Hektik, Ignoranz und Ängste unseren Alltag bestimmen.
Silke Gramer-Rottler zeigt uns, wie wir zurückfinden können zur berühmten Leichtigkeit des Seins. Sie erklärt uns, wie wir in unserem Leben wieder Raum schaffen können für die wesentlichen Dinge und wie dadurch die ganzen Unsicherheiten des Alltags verschwinden.
Dieses inspirierende Buch fordert uns alle auf, innezuhalten in unserer schnelllebigen, reizüberfluteten Welt und uns auf den Weg zu machen, unseren Ängsten zu begegnen, um zu erfahren, dass das Leben uns trägt.

224 Seiten, durchg.farbig,
broschiert
ISBN 978-3-89845-406-3
€ [D] 19,95

Seena B. Frost

SoulCollage® – Kreativbilder deiner Seele

Das neuartige Arbeitsbuch zur Selbstfindung

SoulCollage® ist die neue, sehr kreative Art, sich selbst besser kennenzulernen. Alles, was Sie dafür brauchen, ist eine Schere, Fotos oder ein paar Magazine und Klebstoff. Seena B. Frost hat mit Soul-Collage® eine ungewöhnlich individuelle Methode entwickelt, um Bilder Ihrer Seelenlandschaften zu schaffen.

Die kreierten Seelencollagen spiegeln unseren ganz persönlichen Archetypus wider und geben uns die Möglichkeit, unserer eigenen, intuitiven Weisheit zu lauschen, die durch die Bilder der Karten auftaucht. Und so entdecken wir unsere Seele mit ihren Schatten sowie ihren angeborenen Fähigkeiten und können unsere Ziele im Leben erfolgreich verfolgen.

240 Seiten, broschiert mit
abgerundeten Ecken
ISBN 978-3-89845-550-3
€ [D] 11,00

Theo Fischer

Das Tao der Selbstfindung

Das Geheimnis eines sorgenfreien Lebens
Die heutige Gesellschaft verlangt dem Menschen viel ab: Leistungsdruck, Beeinflussung durch die Medien, Technologie im Überfluss, die schier überhand nimmt ... Und der Mensch entfremdet sich immer mehr von sich selbst, von seiner eigenen Natur.
Theo Fischer zeigt, wie wir aus dem schnell vorwärtsrasenden Zug unseres Lebens aussteigen und uns auf das Fließen des Tao einlassen können. So lernen wir, mit den Herausforderungen des Lebens leichter umzugehen, unserer Intuition zu folgen, stillzuhalten und den eigenen Kräften Raum zu geben.

152 Seiten, broschiert
ISBN 978-3-89845-481-0
€ [D] 12,95

Kurt Tepperwein

So lebt man heute!

Kurt Tepperwein geht dem Mysterium des Lebens auf den Grund und stellt alles infrage. Und genau das sollten auch wir tun. Wer sagt uns, dass die Wahrheit, die wir erleben, tatsächlich Wirklichkeit ist? Können wir unseren Gedanken Glauben schenken, und was sind überhaupt Gedanken? Woher kommen sie, und was genau haben sie mit uns zu tun?
Der Lebenslehrer taucht hier tief in die Thematik unseres Daseins ein und lädt uns dazu ein, wachsamer durch den Alltag zu gehen. Er hilft uns, unsere Aufmerksamkeit auf das zu richten, was wirklich wichtig ist, um zu erkennen, wer wir sind und was wir wollen.

224 Seiten, 2-fbg., broschiert
ISBN 978-3-89845-537-4
€ [D] 14,95

Camilla Tersmeden

Leb dein Leben bunter!

Sei fröhlich, leicht und wunderbar

Jede Zeile in diesem Buch animiert dazu, mehr Freude im Leben zu haben.
Camilla Tersmeden lässt uns eintauchen in die magische und äußerst bunte Welt der Feen, Engel und Elohim. Diese wunderbaren Helfer zeigen uns, dass das Leben eine Spielwiese ist und es an uns selbst ist, uns das Beste herauszupicken. Dass wir das Recht haben, unsere Träume zu leben, Grenzen zu überschreiten und den Himmel auf Erden zu leben.
Entdecke daher jetzt, wie du jeden Tag mehr und mehr mit Freude, leichter und bunter leben kannst!

224 Seiten, gebunden
ISBN 978-3-930243-73-0
€ [D] 15,80

Michael H. Buchholz

Die universellen Lebensregeln

Der Kompass für alles, was du willst

Das Buch enthält 36 universelle Lebensregeln – uralte Regeln verschiedener Kulturen, die aufgrund ihrer universellen Prägung allgemeingültig sind: für jeden, jede Lebenssituation, für das Erreichen jedes Ziels. Sie zeigen auch auf, weshalb es im Leben zu Schwierigkeiten kommt und wie man diese umschifft. Dieses leicht verständliche Buch dient als praktischer Kompass, um erfolgreich durchs Leben zu navigieren.

176 Seiten, 2-fbg., broschiert
ISBN 978-3-89845-467-4
€ [D] 12,95

Franziska Krattinger

Woran Pechvögel hängen und worauf Glückspilze aufbauen

Alles beginnt klein und endet groß

Wir bestimmen unser Leben aus der Kraft unserer Gedanken und Gefühle. Doch wir sind oft in Denk- und Gefühlsgewohnheiten gefangen.
Franziska Krattinger beschreibt die Stolpersteine, genannt Gewohnheiten, und zeigt die Lösungen dazu. Die Möglichkeiten zur Verbesserung unseres Lebensgefühls sind verblüffend einfach, wirkungsvoll und für jedermann leicht anzuwenden ...
Ein kleines Buch mit großer Wirkung, da es die Kraft des positiven Denkens in uns entfacht!

296 Seiten, broschiert
ISBN 978-3-89845-469-8
€ [D] 16,95

Usha Gönnawein

33 kosmische Gesetze zum Verstehen des wahren Seins

Usha Gönnawein macht Sie mit den 33 kosmischen Energiegesetzen vertraut und gibt Ihnen die Möglichkeit, die Neue Energie zu erkennen, zu deuten und anzuwenden. Die geistigen Gesetze dieses Buches helfen Ihnen zu begreifen, warum Sie hier sind, wie Sie sind, was Sie noch lernen dürfen und wie Sie das Gelernte anwenden können, damit Sie als Mensch Ihre Göttlichkeit erkennen. Weit mehr als ein Ratgeber oder ein Übungsbuch, beflügelt Sie dieses Bewusstseinsbuch behutsam zu einem neuen Verstehen Ihres wahren Seins – für ein leichteres und zufriedeneres Leben in Fülle!

208 Seiten, broschiert
ISBN 978-3-89845-556-5
€ [D] 14,95

Sabine Kühn & Ulla Knoll

Fallstricke auf dem spirituellen Weg

Finde deine Balance

Stolpersteine auf dem Weg zur Erleuchtung

Spiritualität ist eine wertvolle Lebenshilfe, doch viele Menschen verstricken sich auf der Suche nach Erleuchtung im Dschungel von Seminaren und anderen Angeboten.

Die erfahrenen Autorinnen zeigen die verschiedenen Facetten auf, unter denen Spiritualität angeboten wird, und analysieren die »25 Fallstricke«, in denen sich ein spirituell Suchender verfangen kann. Auf nachdrückliche und oft auch humorvolle Weise geben sie dem Leser so die Möglichkeit, bereits erworbenes Wissen für sich selbst noch einmal auf weiteres Wachstumspotenzial hin zu prüfen.

256 Seiten, broschiert
ISBN 978-3-89845-424-7
€ [D] 16,95

Gloria Boileau

Ohne Angst leben

Stellen Sie sich eine Welt vor, in der Sie ohne Angst leben. Diese Welt kann Ihre sein!

Dieses lebensverändernde Buch wird die Angst in Ihrem Leben besiegen. Es wird Ihnen mit besonderen Methoden helfen, Ihr Leid zu lindern, Ihnen neue Energie schenken und Ihre Ängste für immer davonjagen. Wenn Sie die vorgestellten Methoden verinnerlichen, werden Sie besser für Ihr Leben gerüstet sein und negative Denkmuster ausmerzen können.

Also atmen Sie tief durch – nicht aus Angst, sondern aus Vorfreude auf die guten Dinge, die da kommen werden. Es ist Zeit, die Angst loszulassen und die Freiheit zu begrüßen!

12-Monatskalender

Tragen Sie über ein Jahr hinweg die spannendsten Erfolge im folgenden Monatskalender ein. Dieses Vorhaben, das eher ein Ansporn sein sollte als eine "Aufgabe", dient Ihnen als Anker. Wenn Sie ein Jahr dabeibleiben, garantiere ich Ihnen, dass sich sehr viel in Ihrem Leben ändern wird.

JANUAR

FEBRUAR

MÄRZ

APRIL

Mai

JUNI

JULI

August

September

Oktober

NOVEMBER

Dezember